新媒体环境下的新闻研究与应用

康应祥◎著

文化发展出版社
Cultural Development Press
·北京·

图书在版编目（CIP）数据

新媒体环境下的新闻研究与应用 / 康应祥著 . 北京 ：文化发展出版社，2025. 7. — ISBN 978-7-5142-4679-7

Ⅰ . G210

中国国家版本馆 CIP 数据核字第 20252FB407 号

新媒体环境下的新闻研究与应用

康应祥　著

责任编辑：周　蕾　　责任印制：杨　骏

责任校对：侯　娜　　装帧设计：墨知缘

出版发行：文化发展出版社（北京市翠微路 2 号　邮编：100036）

网　　址：www.wenhuafazhan.com

经　　销：全国新华书店

印　　刷：北京荣泰印刷有限公司

开　　本：710mm × 1000mm　1/16

字　　数：185 千字

印　　张：15.75

版　　次：2025 年 7 月第 1 版

印　　次：2025 年 7 月第 1 次印刷

定　　价：88.00 元

I S B N：978-7-5142-4679-7

◆ 如有印装质量问题，请电话联系：010－81368098

前　言

在当今数字化时代，新媒体的迅猛发展不仅改变了信息传播的方式，而且深刻重塑了新闻行业的生态。随着互联网技术的不断进步，社交媒体、移动应用以及各种新兴传播平台的涌现，传统新闻媒体面临着前所未有的机遇与挑战。《新媒体环境下的新闻研究与应用》一书旨在系统地探讨这一转型期中的关键问题，为学术界和实务界提供理论指导与实践参考。本书聚焦于新媒体环境下新闻传播的新特点、新趋势及其对社会的影响，力求通过对最新研究成果和技术应用的梳理，揭示未来新闻业发展的方向。

新媒体时代的到来，使得新闻传播格局发生了根本性的变化。信息生产不再局限于专业机构，普通公众亦可通过多种渠道参与内容创作与分享，这极大地丰富了公共话语空间。与此同时，大数据、人工智能等前沿技术的应用，不仅提升了新闻采集、编辑和发布的效率，还催生了一系列创新的服务模式。然而，这些变革也带来了诸如虚假信息泛滥、隐私保护缺失等诸多问题。因此，本书将深入剖析新媒体环境下的新闻理论框架，探索如何在保证信息真实性和公正性的前提下，充分利用新技术的优势，推动新闻事业健康发展。此外，本书还关注了新闻伦理与法规建设，以应对日益复杂的媒介环境所带来的法律和社会责任挑战。

面对快速变化的新媒体景观，培养适应新时代需求的专业人才显得尤为重要。本书特别强调教育体系应紧跟行业发展步伐，更新教学理念并优化课程设置，确保学生能够掌握最新的知识技能。同时，鼓励学生进行跨学科融合与国际化视野的拓展，使未来的新闻从业者具备更广阔的思维视角和更强的创新能力。通过构建完善的创新创业教育体系，强化学生的批判性思维与持续学习能力，从而为他们进入职场做好充分准备。因此，《新媒体环境下的新闻研究与应用》一书不仅是对当前学术热点的一次全面总结，更为我国新闻教育改革指明了前进的道路，助力行业实现可持续发展。

目　录

第一章　新媒体环境概述

第一节　新媒体的发展历程与特点

一、互联网的诞生与发展

（一）从 ARPANET 到全球互联网

20 世纪 60 年代，随着冷战的加剧和技术竞赛的白热化，美国国防部高级研究计划局（ARPA）启动了 ARPANET 项目，旨在通过建立一个能够抵御核攻击的通信网络来实现军事领域计算机资源的共享。1969 年，这个具有里程碑意义的项目实现了斯坦福研究所与加利福尼亚大学洛杉矶分校之间的首次数据传输，这不仅标志着互联网的正式诞生，还开启了信息交流的新纪元。最初的 ARPANET 连接了四所大学和研究机构，它们分别是加州大学洛杉矶分校、斯坦福研究所、加州大学圣巴巴拉分校和犹他大学。这一突破性的成就证明了分布式网络的可能性，也就是说，即使部分节点被破坏，信息仍然可以通过其他路径传递。

随着时间的推移，ARPANET 的技术不断革新，并引入了诸如 TCP/IP 协议等关键创新，这些技术确保了不同架构和操作系统的计算机之间可以相互通信，从而为互联网的全球化奠定了基础。1983年，ARPANET正式采用TCP/IP协议，使得互联网成为一个开放且兼容多种设备和平台的网络体系。进入20世纪90年代，随着个人电脑的普及和万维网（World Wide Web，WWW）的发明，互联网开始迅速扩展至商业和个人用户。蒂姆·伯纳斯－李（Tim Berners－Lee）于1989年提出并开发了WWW的概念，通过HTML语言、HTTP协议以及URL地址系统，极大地简化了信息的发布和获取过程。网民数量呈指数级增长，互联网逐渐演变成一个无所不在的信息交流、娱乐消费、教育学习以及工作协作平台。如今，互联网已经深度融入人们的生活，改变了人们的社交方式、商业模式和社会结构等各个方面，成为现代社会不可或缺的一部分。

（二）浏览器战争：Netscape与Internet Explorer的竞争

在互联网发展的早期阶段，浏览器作为访问网页的主要工具，其重要性不言而喻。1993年，美国国家超级计算应用中心（NCSA）开发的Mosaic浏览器将图像集成到网页中，极大地改善了用户体验，推动了人们对互联网的广泛接受。紧接着，Netscape公司推出的Navigator浏览器凭借其优秀的性能和易用性，迅速赢得了市场的青睐，几乎垄断了浏览器市场。Netscape Navigator不仅支持更丰富的多媒体内容，还提供了书签管理、历史记录等功能，大大提升了用户的浏览效率。然而，微软公司在1995年发布的Internet Explorer则引发了激烈的“浏览器竞争”。微软利用Windows操作系统的优势捆绑销售Internet Explorer，并且持续投入大量资源进行更新迭代，包括增加新功能、优化性能和安全性。此外，微软还提供免费升级和服务支持，以此逐步吸引了更多用户转向Internet Explorer。这场竞争不仅造成了浏览器市场的格局，同时还促进了

Web 标准的发展，促使各浏览器厂商更加注重兼容性和规范性。最终，Internet Explorer 成功超越了 Netscape Navigator，占据了主导地位。不过，这场激烈的竞争也为后续如 Firefox、Chrome 等新型浏览器的出现铺平了道路，进而使得浏览器市场更加多元化和富有竞争力。今天，浏览器已经成为人们日常生活中不可或缺的一部分，它们不仅是浏览网页的工具，更是连接数字世界的重要桥梁。

（三）社交媒体的崛起：Facebook、Twitter 等平台的影响

进入 21 世纪，社交媒体平台的兴起彻底改变了人类社交模式和信息传播方式。2004 年，马克·扎克伯格创立了 Facebook（脸书），最初它是一个专为哈佛学生设计的社交网站，但很快便成为覆盖全球数十亿用户的社交网络巨头。Facebook 通过不断创新，例如引入动态消息流、照片分享功能等，增强了用户之间的互动性和黏性。用户可以在平台上分享生活点滴、表达观点、参与讨论，甚至组织活动。与此同时，Twitter（推特）于 2006 年上线，以短小精悍的微博客形式吸引了一大批寻求快速信息交换的年轻人和公众人物。Twitter 的 140 字符限制（后来增加到 280 字符）意在鼓励简洁明了的表达，使其成为新闻报道、实时事件评论和舆论引导的理想平台。这两家平台的成功不仅在于它们提供的服务，更重要的是它们重新定义了人与人之间沟通的方式，使信息传递变得即时且无边界。此外，社交媒体还为企业营销、政府公关提供了全新的渠道，甚至对政治选举和社会运动产生了深远影响。如今，社交媒体已经成为新媒体生态系统中极为重要的组成部分，深刻地影响着现代社会的文化、经济和政治生活。无论是个人还是组织，都在积极利用社交媒体平台进行信息传播、品牌建设和社区构建。

二、数字化转型的关键阶段

（一）移动互联网时代的到来

随着智能手机和平板电脑的普及，移动互联网成为21世纪初最重要的技术革命之一。这一转变不仅改变了人们获取信息的方式，还深刻影响了社会生活的方方面面。移动互联网的核心在于它将互联网从固定的桌面环境解放出来，使人们可以在任何时间、地点接入网络，享受即时通信、社交互动、在线娱乐和电子商务等服务。这种便捷性极大地推动了数字内容消费的增长，并催生了一系列基于位置的服务（LBS），如导航应用、本地搜索以及基于地理位置的广告推送。此外，移动支付的兴起也标志着金融服务的一次重大飞跃，使得无现金交易变得更加普遍和安全。

在移动互联网时代，应用程序（App）成为连接用户与服务的关键桥梁。开发者们通过创建各种类型的App来满足用户的多样化需求，无论是新闻阅读、视频观看还是购物体验，都能够在移动设备上得到完美的实现。与此同时，移动互联网的发展促进了物联网（IoT）概念的形成和发展，智能家居、智能穿戴设备等新兴产品纷纷涌现，进一步拓展了互联网的应用场景。而5G技术的到来，则为移动互联网注入了新的活力，其低延迟、高带宽的特点让虚拟现实（VR）、增强现实（AR）等前沿技术有了更广阔的应用空间，同时也为无人驾驶汽车、远程医疗手术等未来科技提供了坚实的技术支撑。总之，移动互联网不仅重塑了人们的日常生活方式，还为各行各业带来了前所未有的机遇和挑战，预示着一个更加智能化、互联化的世界正在逐步形成。

(二) 大数据与人工智能对新媒体的影响

大数据与人工智能（AI）作为当今信息技术领域最炙手可热的话题，正以前所未有的速度改变着新媒体行业的面貌。首先，大数据技术使得媒体公司能够收集、存储和分析海量的用户行为数据，从而更好地理解受众的需求和偏好。通过对这些数据进行深入挖掘，媒体平台可以实现个性化的内容推荐，提高用户体验的同时增强用户的黏性和参与度。例如，流媒体服务平台 Netflix 利用算法分析观众的历史观看记录，为每个用户提供定制化的节目列表；社交媒体巨头 Facebook 则根据用户的点赞、评论等互动行为调整信息流排序，确保用户看到他们最感兴趣的内容。除了个性化推荐，AI 还在内容创作方面发挥了重要作用。自然语言处理（NLP）技术的进步让机器生成的文章质量不断提高，新闻自动化写作系统已经能够在短时间内产出大量准确且具有可读性的报道。图像识别技术和语音合成技术同样得到了广泛应用，前者被用于自动标注图片或视频中的元素，后者则实现了文本到语音的转换，增强了多媒体内容的表现力。此外，AI 驱动的聊天机器人开始扮演客服代表的角色，它们能够回答常见问题、提供技术支持，甚至参与客户咨询过程，大大提升了服务效率和服务质量。值得注意的是，随着深度学习算法的不断优化，AI 已经开始涉足创意领域，尝试生成音乐、绘画乃至电影剧本等艺术作品，这无疑为新媒体行业开辟了全新的创作维度。综上所述，大数据与 AI 的结合不仅革新了内容分发机制，还开启了内容生产的新纪元，是推动新媒体产业持续发展的核心动力。

(三) 区块链技术在新媒体中的应用前景

区块链作为一种去中心化、不可篡改的分布式账本技术，近年来逐渐吸引了新媒体行业的关注。其独特的特性为解决当前媒体生态中存在的诸多问题提供了新的思路。一方面，区块链可以用来构建透明、公正的内容版权保护体系。通过将作品的所有权信息记录在区块链上，作者能够清晰地追踪自己作品的传播路径，防止未经授权的复制和分发。同时，智能合约机制允许创作者设定使用规则，当条件满足时自动执行付款等操作，简化了版权交易流程，保障了创作者的利益。另一方面，区块链有助于打击虚假信息。由于每一笔交易都被记录在链上并受到全网节点验证，这使得伪造或篡改信息变得极为困难。因此，建立在区块链基础上的事实核查平台可以有效提升信息的真实性，减少谣言和假新闻的传播。

除此之外，区块链还能促进新媒体经济模式的创新。例如，在去中心化的广告平台上，广告主可以直接与用户对接，无须经过中介，降低了成本并提高了广告投放精准度。而对于普通用户而言，参与内容创造或分享也可以获得相应的奖励，形成了良性循环的价值分配机制。再者，区块链支持的小额支付解决方案解决了微支付难题，使得按次付费观看视频、阅读文章等小额交易变得可行。从长远来看，随着技术的成熟和完善，区块链有望重构新媒体产业链条，打破传统媒体巨头的垄断地位，赋予更多个体创作者和小型媒体机构崛起的机会。总而言之，尽管目前区块链在新媒体领域的应用尚处于探索阶段，但其潜在的巨大价值不容忽视，未来必将在构建更加开放、公平、高效的媒体环境中发挥关键作用。

三、新媒体的传播特性

新媒体是伴随着媒介传播方式的改变、革新以及新闻信息传播者与接受者的角色互换而发展的。虽然中国进入新媒体时代时间比较短，但是它的发展速度却是出乎意料的，让人们有些措手不及。从 20 世纪 90 年代中期中国引进互联网技术以来，到 2007 年这短短的十几年里，中国互联网的用户就已经达到了 1.67 亿，稳居世界第二；手机在中国普及的时间还不到 10 年，而我国手机用户就达到了 4.6 亿，稳居世界第一。1998 年腾讯公司研发出 QQ 聊天软件，到 2001 年注册用户高达 9000 万，2006 年就达 4.3 亿，而最高同时在线用户竟高达 2000 万。在中国新媒体究竟为何能有如此强大的发展趋势，这就要从新媒体较传统媒体显著的三大特征说起。

（一）新媒体的突出特征——数字化

科学技术的进步带动了传统媒体的发展，20 世纪 40 年代数字技术的发明以及飞速的发展给传播媒介技术带来了一次巨大的革新。这一革新不仅改变了信息传递的方式，更深刻影响了人们的生活方式和社会结构。数字化成为新媒体最显著的特征之一，它不仅是技术层面的变革，更是一种全新的传播模式和生活方式的转型。在我们用车载移动电视、手机等便携终端设备接收文字新闻、网络广播和网络电视等时，这些新媒体使我们在没有意识到的情况下融入我们的生活，成为我们的生活必需品。数字化是新媒体的一个重要特征，它不仅极大地提高了信息传输的速度和效率，还使得信息的形式更加多样化。例如，通过互联网，我们可以随时随地获取全球范围内的新闻资讯，观看高清视频直播，收听高质量的音频节目。这一切都得益于数字技术对信息编码、压缩和解码的高效处理能力，使得多媒体内容能够在不同平台上顺畅切换，满足用户多样的需求。更重要的是，新媒体这种运用数字技术的表达方式不仅突破了媒体的特性限制，还打破了传统媒体根深蒂固的传播方式。在过去，报纸、电视、广播等传统媒体各自为政，信息传播受到时间、空间和技术手段的限制。而数字化的新媒体则彻底改变了这一局面，受众可以使用多种传播途径来传播和表达信息。例如，一个简单的微博帖子可以在几秒钟内被成千上万的人看到，并迅速引发讨论和互动。社交媒体平台如 Facebook、Twitter 和 WeChat（微信）等，让每个人都有机会成为信息的发布者和传播者，实现了信息的即时性和广泛性传播。此外，用户生成内容（UGC）也成为新媒体的一大亮点，普通人可以通过博客、视频分享网站等形式参与公共话语体系，表达自己的观点和情感。

伴随着数字化技术的到来，新媒体的队伍也在不断地壮大。就媒体形态来说，传统媒体借助新媒体技术改变了自身的呈现方式。例如，许多电视台推出了在线直播服务，观众可以通过电脑或智能手机实时观看节目；电台也开始提供网络广播，听众不再局限于特定的时间段和地理位置，只要有网络连接就能收听自己喜欢的节目。电子杂志更是结合了纸质书籍的阅读体验和电子产品的便捷性，读者可以根据个人喜好调整字体大小、背景颜色等参数，享受个性化的阅读乐趣。这些变化表明，传统媒体并没有因为新媒体的崛起而被淘汰，而是通过技术革新找到了新的生存和发展空间。

新媒体形态如雨后春笋，层出不穷。除上述提到的网络电视、网络广播和电子杂志外，还有更多创新形式不断涌现。例如，虚拟现实和增强现实技术的应用为用户提供了沉浸式的视听体验；短视频平台如 TikTok（抖音）和快手则抓住了年轻人追求快速娱乐的心理特点，以简短精悍的内容吸引了大量用户；直播带货作为一种新兴商业模式，在疫情期间展现出强大的生命力，商家通过主播推荐直接与消费者建立联系，实现了销售业绩的增长。这些多样化的媒体形态不仅丰富了人们的文化生活，还为各行各业带来了新的发展机遇。

总之，数字化是新媒体最显著的特征之一，它不仅推动了媒体行业的深刻变革，还深刻影响了人们的生活方式和社会交往模式。随着技术的不断进步，新媒体将继续发展出更多令人惊叹的形式和功能，进一步改变我们获取信息、表达思想和进行社交互动的方式。未来，数字化新媒体将更加紧密地融入我们的日常生活，成为不可或缺的一部分，引领我们进入一个更加智能、互联的世界。

（二）新媒体的本质特征——多向互动性

新媒体同时结合了大众传播媒体和人际传播媒体的优点，有效弥补了二者在信息传递过程中的不足，使受众在同一时间接收到个性化的信息并实现直接交流。这一现象表明，在新媒体环境下，受众的角色并不再局限于信息接受者，而是变成了互动参与者，打破了传统意义上受众单一性的局限。具体而言，新媒体作为一种个性化媒介，使得每个人均可借助互联网发声，无论其身份、年龄或职业，这意味着传统媒体长期忽视的“沉默的大多数”获得了平等表达机会。在这一过程中，受众不仅具备主控权，可以选择适合自己的信息时间、内容与主题，还能够随时对获取的信息进行反应并主动进行传播。任何用户只需“有话要说”，即可将观点通过网络发布，并且可以向同样具有兴趣的人交换意见，从而自由构建社区。这种趋势促使信息交互不再受到传统“守门人”的管控，通过高速的信息通道形成一个活跃的数据生态。在此背景下，新媒体的发展不仅改变了个人信息传播模式，同时还对社会结构产生深远影响，推动了公民社会表达形式多样化以及公共讨论深入发展。因此，新媒体在当代传播中扮演着无可替代的重要角色，其引发的变化值得关注与深入研究。

新媒体的崛起对新闻信息传播的状态产生了深远影响，与传统媒体“点对点”的单向传播方式相比，新媒体推动了信息传播模式向“点对面”的多向互动转变。这一变化促进了信息主体与接受主体之间的双向交流，使得受众不仅是被动的信息接收者，还能够积极参与信息发布和传播的过程。例如，在许多参与性强的节目中，观众反馈的意见可以显著影响节目的内容走向，此现象充分显示了受众在新媒体环境下的信息互动能力。此外，通过社交平台，受众还能与其他观众进行即时交流，这种嵌入式的信息交换使得新闻传播行为更为复杂，也降低了原有清晰角色定位所带来的限制。在传统媒介中，信息传播主要表现为“你说我听”“你播我看”的形式，接受者往往处于被动接受甚至无奈忍受来自消息发布者所施加的信息影响。而进入新媒体时代后，这一分工开始逐渐模糊，不同于以往受限于角色界定，现代技术的发展使得每一个读者或观者都有机会通过文字、音频或视频实现信息发声，从而扮演着传播者兼接受者（广义上的“用户”）的角色。进一步地，由此也要求我们重新审视新闻生产及消费过程中的各参与主体，因此，“大众传媒”的范畴将再也无法局限于传统概念，即提供新闻编辑功能的平台。如果将这一理解放置在更广泛的新经济模型中，则会更加明显地反映出传媒行业内部正在经历前所未有的大变革。从某种意义上而言，新媒体不仅重塑着主题和文体，更在根本上改变了整个新闻业的结构，使潜藏在内容传输机制中的权力格局发生了深刻扭转。因此，可以推断，在这个充满变革与机遇的新景象之下，我们必须更深入探索这一交互丰富的新型媒介从其设计、运用、实践到其话语权的重要生成历程，以更好地理解现代社会中媒介生态以及由此造成的一系列文化社会变化。

（三）新媒体具有分众化、个性化的特征

在传统媒体的传播活动中，受众面对的内容均相似，其选择权仅限于选择报纸和电视频道。然而，在新媒体环境下，受众不仅拥有选择信息的权利，还掌握对传播内容和形式的控制。例如，通过网络平台，受众能够根据自身兴趣筛选新闻，并利用电脑或手机定制个性化的信息获取方式，这无疑深化了媒介环境中受众主动性的实现。

随着我国社会经济的快速发展与经济体制的持续完善，社会阶层发生了显著变化。当今社会已不再单一存在工人和农民，而是涌现出自由职业者、私营企业者、IT 行业人员及外企工作人员等诸多新的职业阶层。这些不同阶层在获取信息时，除基础的信息需求之外，还有各自基于个人兴趣而形成的特定要求，这无疑挑战了传统媒体的信息传播能力。传统的信息传播方式在覆盖面方面已显不足，无法满足每一阶层的个性化需求，信息传达分众化成为适应时代发展的必然要求。因此，新媒体以其独特优势实现了更为精准的信息传递，它不仅能够将受众从普遍的大众群体中进行有效分离，还可根据受众的特征进一步细分为更小规模的小众群体，将精确的信息提供给相应用户，以符合多样化信息需求。与此同时，由于传统媒体在新闻资讯覆盖面及流量上的局限性，使其难以再次满足快速发展的社会，对比之下，新兴媒体有力地应对了这一困境，新媒体传递方式恰如其分地迎合了消费者不断变化与增多的期望。在新媒体盛行的平台上，例如微博、QQ 空间及人人网，受众得以享受个性化的信息服务，即通过自定义界面与内容而实现定制式体验。此外，新媒体开辟了一系列围绕旅游、游戏、军事等的多个专题，为不同行业偏好的人士提供丰富、多元且特色鲜明的信息服务，可

谓填补了传统媒介无法交付的一片空白。因而，在这样的背景下，各种个性化的新媒体越来越多地方便用户充分实现自身与他人的信息交流诉求，由此更好地满足个体差异，这些差异反映了不同社会形态和文化趣向中的信号，使得新兴数字平台在整体上成为提升现代沟通质量的重要载体。这一系列的发展动态表明，多样性的入侵正在潜移默化间重塑着信息传播格局，即便是在功能简单或承载有限的小数据环境中也仍然可以展现大作为，实现真正意义上的“供需适配”，在如此复杂环境下日渐呈现出无限可能。

新媒体的独特性使得传播活动日益依赖信息接受者，关注其需求，促进更有效的传播方式。这一机制驱动着新媒体抓住特定群体需求，使传播分众化成为其发展必然趋势。实际上，新媒体能够在同一时刻为每位受众提供个性化信息，在信息传递者与接受者间搭建平等交流平台，同时也实现了多层次、个性化的互动交流。

第二节　新闻传播格局的变化

一、传统媒体面临的挑战

（一）报纸发行量的下降趋势

在数字时代的浪潮下，报纸这一曾经占据主导地位的传统媒介正面临着前所未有的挑战。随着互联网和移动设备的普及，越来越多的人选择通过在线平台获取新闻资讯，这直接导致了纸质报纸发行量的持续下滑。根据多项研究显示，2007 年以来，全球范围内主要国家的日报发行量均呈现显著减少的趋势，一些历史悠久的报刊甚至不得不关闭印刷版或转型为纯数字出版物。产生这种变化背后的原因是多方面的：首先，数字化阅读具有即时性、便捷性和低成本的优势，读者可以随时随地访问最新的新闻报道；其次，社交媒体和新闻聚合应用提供了丰富的信息来源，使得单一报纸的内容吸引力相对减弱；最后，年青一代更倾向于使用手机和平板电脑等便携式设备进行阅读，对传统纸媒的兴趣逐渐降低。为了应对这一困境，许多报社开始探索多元化的经营策略。一方面，他们加大了对数字内容的投资力度，建设自己的网站、开发专属应用程序，并利用社交网络扩大影响力；另一方面，则尝试通过会员订阅制度、付费墙等方式实现收入多元化。此外，部分报社还涉足电子商务、活动策划等领域，试图开辟新的盈利渠道。尽管如此，对于大部分中小型地方性报纸而言，资源和技术上的局限使其难以迅速完成转型，加之广告客户逐渐转向更具性价比的数字媒体平台，进一步加剧了其生存压力。长远来看，如果不能找到有效的解决方案，报纸行业可能将面临更加严峻的局面。不过，值得注意的是，在某些特定领域如深度报道、专业评论等方面，高质量的纸质报纸仍然拥有忠实的读者群体，因此如何在保持特色的同时适应时代变迁，成为摆在所有报纸面前的重要课题。

（二）广播电视收视率的变化

随着新媒体技术的迅猛发展，广播电视作为大众传媒的重要组成部分也经历了深刻的变革。近年来，我国乃至全球范围内的电视节目收视率普遍出现波动，尤其是一些黄金时段的传统频道观众数量有所减少。造成这种情况的主要因素包括但不限于以下几个方面：一是视频点播（VOD）、流媒体服务（如 Netflix、爱奇艺等）

以及短视频平台（如抖音、快手）的兴起，这些新兴娱乐平台凭借个性化推荐算法和海量内容库吸引了大量用户，尤其是年轻人群体；二是智能电视与互联网电视盒子的普及让观众不再局限于线性播放模式，而是可以根据个人喜好随时观看节目；三是智能手机和平板电脑屏幕尺寸增大且画质提升，加上4G/5G网络速度加快，使移动端成为人们获取娱乐内容的新宠儿。面对上述挑战，广播电视台采取了一系列措施以维持和发展自身业务。例如，它们加强了与新媒体平台的合作，推出官方App，提供“直播+点播”双重服务，满足不同用户的观看需求；同时优化节目编排，增加互动环节，鼓励观众参与话题讨论，提高黏性。此外，不少电视台还致力于打造原创IP，通过自制综艺、纪录片等形式增强品牌竞争力。然而，即便如此，由于市场竞争激烈，传统广电媒体依然承受着巨大压力。特别是广告份额不断被分流到数字平台上，迫使广电机构必须寻找新的增长点。未来，随着技术进步和社会文化环境的变化，如何更好地融合线上线下资源，创造更多元化的内容体验，将是广播电视台能否成功转型的关键所在。

（三）广告收入向数字媒体转移

在过去几十年里，传统媒体一直是广告商投放预算的主要目标之一，但随着互联网技术的发展及其带来的深刻影响，这一局面正在发生根本性的改变。如今，广告商越来越倾向于将资金投入数字媒体，因为后者能够提供更精准的目标定位、更高的转化率以及更为灵活的投放形式。据统计，近年来全球数字广告支出持续增长，而传统媒体广告收入则呈现出明显的萎缩态势。具体到各个细分市场，我们可以看到以下几点特征：对于报纸来说，其印刷版面有限，无法承载过多商业广告，且随着发行量下降，广告效果大打折扣。相比之下，线上平台可以通过大数据分析用户行为习惯，实现千人千面的个性化推送，从而大幅提升营销效率。同理，广播电视虽然拥有广泛的受众基础，但在时间安排上较为固定，难以满足现代消费者碎片化的生活节奏。而像 YouTube 这样的视频分享网站不仅允许创作者插入贴片广告、弹出式广告等多种形式，还能依据用户的浏览历史进行定向投放，实现了更好的用户体验与广告效益之间的平衡。至于户外广告牌、杂志等其他形式的传统媒体，同样面临着来自数字媒体的竞争压力，后者依托地理位置服务、增强现实等新技术，创造出全新的互动场景，吸引了不少原本属于传统领域的广告预算。与此同时，社交媒体的崛起也为数字广告带来了新的机遇。Facebook、Twitter、微信朋友圈等社交平台凭借庞大的用户基数和高度活跃的社交关系网，成为品牌推广的理想场所。企业不仅可以发布图文并茂的广告内容，还可以发起话题挑战、举办线上活动等，激发用户参与热情，形成良好的口碑效应。总之，随着消费者注意力逐渐从传统媒体转向数字媒体，广告市场的重心也随之发生了转移。为了适应这一趋势，传统媒体需要积极拥抱变革，探索跨界合作的可能性，比如结合自身的资源优势开展线下活动，或者与电商平台合作推出联合促销方案等，以此来重新赢得广告客户的青睐。

二、新兴媒体的角色转变

（一）网络新闻门户的兴起

网络新闻门户的崛起标志着新闻传播进入了一个全新的时代，它不仅改变了信息获取的方式，也重塑了新闻产业的生态格局。随着互联网技术的发展和普及，20 世纪 90 年代末期至 21 世纪初期，一批以新浪、搜狐、网易等为代表的综合型网络新闻平台应运而生。这些门户网站最初是作为传统媒体内容的在线延伸，提供包括时政、财经、娱乐在内的各类资讯。然而，它们很快超越了单纯的复制功能，开始构建自己的编辑团队，并引入用户生成内容（UGC），从而形成了独特的“聚合 + 原创”模式。这种模式使得新闻门户能够迅速整合来自不同渠道的信息资源，在第一时间为用户提供全面且及时的报道，极大地提高了新闻的时效性和覆盖面。此外，网络新闻门户还通过技术创新不断优化用户体验。例如，搜索引擎技术的应用让用户可以轻松找到感兴趣的话题；RSS 订阅服务允许读者跟踪特定来源或主题的内容更新；社交分享按钮则促进了信息在人际间的快速传播。更重要的是，移动互联网的到来进一步推动了新闻门户的发展。当智能手机和平板电脑成为人们获取信息的主要工具后，各大门户网站纷纷推出适配移动端的应用程序，实现了无缝阅读体验。不仅如此，一些领先的新闻网站还利用大数据分析用户的浏览习惯，为其量身定制个性化推荐列表，使信息传递更加精准有效。

网络新闻门户的出现对传统媒体构成了巨大挑战。一方面，它们凭借免费的内容吸引了大量受众，削弱了报纸杂志的发行量；另一方面，广告商也开始将预算转移到更具流量优势的数字平台上。面对这一局面，许多传统媒体不得不加快数字化转型的步伐，寻求与网络新闻门户的合作机会，如采取授权转载、共建频道等形式。与此同时，新闻门户自身也在积极探索多元化盈利模式，除了传统的展示广告外，还涉足电子商务、增值服务等领域。总之，网络新闻门户不仅是新媒体时代的产物，更是连接传统与现代、技术与人文的重要桥梁，它们将继续引领新闻传播方式的变革，塑造一个更加开放、互动的信息环境。

（二）自媒体的蓬勃发展

自媒体的繁荣反映了当代社会信息生产与传播方式的根本性转变。在社交媒体和博客平台的催化下，个人和小型组织获得了前所未有的发声机会，打破了传统媒体机构对公共话语空间的垄断。自21世纪初以来，微博、微信公众号、抖音短视频等自媒体形式相继涌现，它们以其低门槛、高参与度的特点迅速赢得了广大网民的喜爱。任何人都可以通过注册账号发布文字、图片、音频或视频内容，表达个人观点、分享生活点滴或是揭露社会现象，这无疑激发了全民创作的热情。根据相关统计数据显示，近年来我国活跃的自媒体账号数量呈指数级增长，涵盖了从美食旅游到科技教育等多个领域，展现出丰富多彩的内容生态。

自媒体的价值不仅体现在数量上，更在于其多样化的表现形式和深刻的影响力。首先，它赋予了普通人成为意见领袖的可能性，那些擅长某一领域的达人或专家可以通过持续输出优质内容吸引大量粉丝关注，形成具有一定规模的社群效应。其次，自媒体打破了时间和空间限制，使得信息传播变得即时而广泛，特别是在突发事件发生时，现场目击者往往能比官方媒体更快地传递最新情况，补充了主流媒体报道的不足。最后，由于自媒体具有较强的互动属性，作者与读者之间可以直接交流反馈，增强了沟通的有效性和真实性。对于品牌营销而言，这也意味着新的机遇——借助 KOL（关键意见领袖）的力量，企业可以更加精准地触达目标消费群体，提升品牌形象。

尽管自媒体带来了诸多积极影响，但也不可忽视其中存在的问题。部分创作者为了追求点击率而不惜成为标题党、传播不实信息甚至侵犯他人隐私，扰乱了正常的舆论秩序。因此，如何规范自媒体行为，维护健康的网络环境成为社会各界共同关注的话题。政府相关部门陆续出台了一系列法规政策，加强对互联网内容的监管力度；同时，各大社交平台也建立了严格的审核机制，打击违规操作。从长远来看，只有当每一位参与者都能自觉遵守道德法律底线，坚持真实客观的原则，自媒体才能健康稳定地发展下去，真正发挥其应有的作用，即促进知识共享、推动社会进步。

（三）新媒体环境下新闻伦理的讨论

新媒体环境下的新闻伦理问题是当今传媒领域最引人注目的议题之一。随着信息技术的日新月异，新闻生产和传播的速度大幅加快，边界变得更加模糊，这既为公众提供了更为丰富的信息来源，同时也引发了一系列伦理困境。在网络新闻门户和自媒体蓬勃发展的背景下，传统新闻学所强调的事实核查、公正报道等原则受到了前所未有的挑战。一方面，海量信息的涌入导致了真假难辨的局面，虚假新闻、谣言乃至深度伪造（deepfake）视频层出不穷，严重误导了大众认知；另一方面，商业利益驱动下的流量至上思维使得某些媒体不惜牺牲质量换取关注度，降低了新闻的专业性和可信度。面对这些问题，新闻从业者和学者们展开了深入探讨，试图为新媒体时代的新闻实践寻找一套行之有效的伦理准则。首先，是关于事实准确性的要求，无论是在传统媒体还是新媒体平台上，记者都应当遵循严谨的调查研究方法，确保每一条消息的真实性。尤其是在处理敏感话题或涉及个人隐私的情况下，必须谨慎核实信息源，避免造成不必要的伤害。其次，是透明度原则的应用，即媒体应公开说明内容制作过程中的重要决策点，如数据来源、采访对象身份等，以便读者理解并评估报道的质量。最后，独立性和公平性依然是新闻工作的核心价值所在，即便是在高度竞争的市场环境中，也不应受到外部势力的影响而偏离客观立场。

此外，随着算法推荐系统的广泛应用，新闻分发环节同样面临着伦理考量。虽然这类技术可以根据用户的兴趣偏好推送个性化内容，但也容易导致“信息茧房”效应，即用户只接触到自己感兴趣的狭窄范围内的信息，进而加剧社会分裂。为此，业界提出了算法问责制的概念，主张开发者须对其设计的产品负责，保证推荐结果的多样性和包容性。考虑到新媒体平台上的多元声音，加强跨文化理解和尊重显得尤为重要。在全球化背景下，不同国家和地区之间的价值观差异较大，新闻工作者需要具备开阔的视野，尊重各种观点的存在，努力搭建起沟通对话的桥梁。综上所述，新媒体环境下的新闻伦理建设是一项长期而复杂的任务，需要各方共同努力，以保障新闻事业健康发展的同时，更好地服务于社会公共利益。

三、融合媒体的出现

（一）传统媒体与新媒体的融合策略

在数字时代的浪潮中，传统媒体和新媒体之间的界限逐渐模糊，两者的融合发展成为传媒行业不可逆转的趋势。为了应对快速变化的市场环境和技术革新，许多传统媒体机构开始积极探索与新媒体平台的合作路径，寻求共赢局面。一方面，传统媒体凭借其深厚的内容制作经验和品牌影响力，能够为新媒体提供高质量的内容支撑；另一方面，新媒体则以其灵活多样的传播形式和庞大的用户基数，为传统媒体开辟了新的分发渠道。这种互补性促使双方通过多种方式实现深度融合。

首先，在内容层面，传统媒体可以利用新媒体的技术优势，将原有的文字报道转化为更加生动的多媒体格式，如视频直播、动画解说等，以适应不同受众的需求。同时，它们还可以借助社交媒体平台进行话题互动，增强用户的参与感和黏性。例如，《纽约时报》推出的“Snow Fall”项目，就是一次成功的尝试，它结合了文字、图片、音频、视频等多种元素，讲述了一个关于雪崩的故事，不仅赢得了广泛的赞誉，还获得了普利策奖。其次，在运营模式上，传统媒体可以通过建立自己的官方网站或移动应用程序，打造一站式的信息服务平台，整合新闻资讯、社区论坛、电子商务等功能，形成完整的生态链。此外，不少报社和电视台还与互联网巨头开展战略合作，共同开发新产品，共享资源和技术，扩大市场份额。除上述举措外，人才交流也是促进融合的重要手段之一。传统媒体应积极引进熟悉新媒体技术和运营规则的专业人士，而新媒体公司也可以从传统媒体中吸纳具有扎实采编功底的人才，以此来弥补各自的短板。值得注意的是，在推动融合的过程中，保持内容的真实性和专业性始终是重中之重。尽管新媒体强调即时性和互动性，但传统媒体所秉持的严谨态度不容忽视。因此，无论是哪种媒体形态，都必须坚持事实核查、公正报道的原则，确保信息的质量和可靠性。总之，传统媒体与新媒体的融合不仅是技术上的对接，更是理念上的碰撞与融合，这将有助于构建一个更加开放、多元化的媒体生态系统，更好地服务于社会公众的信息需求。

（二）多渠道分发的内容制作模式

随着信息技术的发展和用户习惯的变化，单一渠道的内容分发已经难以满足市场需求，多渠道分发成为现代媒体机构提升竞争力的关键策略。所谓多渠道分发，是指媒体组织根据不同平台的特点和受众偏好，有针对性地调整内容形式和发布策略，从而实现最大化的传播效果。这种方式不仅提高了内容的覆盖面，还能有效降低营销成本，增强品牌的认知度。为了成功实施这一模式，媒体机构需要在内容策划、生产流程以及技术支持等方面做出相应的变革。

首先，在内容策划阶段，编辑团队要充分考虑各个平台的独特属性，设计出适合不同类型终端展示的内容框架。比如，对于短视频平台，可以制作简短精悍的片段，突出故事的核心亮点；而对于长篇文章，则更适合放在网站或 App 上供读者深入阅读。与此同时，还要关注时下热点话题和社会趋势，及时调整选题方向，确保内容具备足够的吸引力。其次，在内容生产的环节中，媒体机构应当打破部门壁垒，组建跨职能的工作小组，组员涵盖记者、摄影师、设计师等多个角色，协同完成从素材收集到成品发布的全过程。这样做不仅能提高工作效率，还能保证各环节之间的无缝衔接，使最终产出的内容既符合标准又富有创意。

另外，技术支持在整个多渠道分发体系中扮演着不可或缺的角色。先进的内容管理系统（CMS）可以帮助编辑人员轻松管理海量信息，快速生成适用于不同平台的版本；数据分析工具则用于监测各渠道的表现情况，评估用户反馈，以便在后期优化调整。值得一提的是，随着人工智能和大数据技术的进步，智能化推荐算法的应用使得个性化内容推送成为可能，这进一步提升了用户体验。最后，媒体机构还需注重品牌形象的一致性维护，无论是在哪个平台上呈现，都应该保持统一的设计风格和语言表达，传递相同的价值观。通过以上措施，多渠道分发的内容制作模式不仅能够丰富媒体的内容库，更能建立起与用户之间更紧密的情感联系，进而实现长期稳定的发展。

（三）数据驱动的个性化新闻服务

在数字化转型的大背景下，数据驱动的个性化新闻服务正在重塑新闻消费的方式，为用户提供前所未有的阅读体验。借助大数据分析、机器学习等先进技术，媒体平台能够深入了解每一位用户的兴趣爱好、行为模式及社交关系网，从而为他们量身定制专属的内容推荐列表。这种精准化的内容供给不仅提高了用户的满意度，还增强了平台的黏性和活跃度，为媒体机构带来了更多的商业机会。

首先，数据采集是实现个性化服务的基础。媒体平台可以通过安装追踪代码、设置 Cookie 等方式收集用户在浏览网页时留下的痕迹，包括点击记录、停留时间、搜索关键词等。此外，社交媒体登录授权也为获取更全面的个人信息提供了便利条件。这些原始数据经过清洗、整理后被输入后台数据库中，从而形成庞大的用户画像库。接下来，基于此库的数据挖掘工作便可以开始了。利用聚类分析、关联规则挖掘等算法，系统能够识别出不同群体之间的共性特征，并据此划分出多个细分市场。例如，根据年龄、性别、地域等因素，可以创建一系列标签，用以描述某一类用户的典型特征。然后，个性化推荐引擎会根据预先设定的规则和实时更新的数据，自动匹配最适合每位用户的内容。常见的推荐方法有基于内容的过滤、协同过滤以及混合模型等。其中，基于内容的过滤侧重于分析文章本身的属性，如主题类别、作者身份等；而协同过滤则是依据相似用户的偏好来进行预测；混合模型则综合了两者的优势，力求达到最佳推荐效果。值得注意的是，为了保证推荐结果的新颖性和多样性，避免陷入"信息茧房"的陷阱，算法还需要引入一定的随机因素，偶尔向用户推送一些不常见但可能感兴趣的话题。除此之外，媒体平台还可以通过 A/B 测试不断优化推荐机制，观察不同版本对用户行为的影响，进而调整参数设置，提高转化率。最后，数据驱动的个性化新闻服务不仅是简单的技术应用，它更代表着一种全新的经营理念——以用户为中心，尊重个体差异，追求极致体验。在这个过程中，保护用户隐私成为必须重视的问题。媒体机构应该建立健全的数据安全管理体系，严格遵守相关法律法规，确保所有操作都在合法合规的前提下进行。同时，透明公开的操作原则也有助于赢得用户的信任和支持。从长远来看，随着 5G、物联网等新兴技术的普及，数据驱动的个性化新闻服务将迎来更加广阔的发展空间，持续引领新闻传播领域的创新变革。

第三节　新闻传播途径的拓展

一、社交网络作为新闻传播的新渠道

（一）微博、微信等社交平台的作用

社交网络，尤其是微博和微信等平台，在当今信息社会中扮演着至关重要的角色，成为新闻传播不可或缺的新渠道。微博作为一个开放式的社交媒体平台，以其即时性和互动性强的特点吸引了大量用户。在微博上，任何人都可以发布 140 字（或 280 字，视版本而定）以内的简短消息，并附带图片、视频等内容，这使得它成为突发事件报道的理想选择。例如，当重大事件发生时，现场目击者往往能比传统媒体更快地通过微博分享第一手资料，补充官方媒体

的报道空白。同时，微博还提供了话题标签功能，方便用户围绕特定主题进行讨论，形成了一个庞大而活跃的公共话语空间。相比之下，微信则更加注重私密性和社交圈子的构建。朋友圈是一个半公开的空间，用户可以在其中分享生活点滴、转载感兴趣的新闻文章，与好友之间形成较为紧密的信息交流圈。公众号则是微信平台上另一种重要的内容形式，许多媒体机构和个人创作者都在此开设账号，定期推送高质量的文章或多媒体内容。订阅了这些公众号的用户能够及时接收到推送通知，享受个性化的阅读体验。此外，微信群聊为用户提供了一个实时沟通的环境，群成员可以通过语音、文字、文件等形式快速传递重要信息。这种基于熟人关系链的传播方式，不仅增强了信息的真实性和可信度，更促进了社区文化的形成和发展。

除提供多样化的内容展示方式外，微博和微信还在推动新闻传播的社会化方面发挥了重要作用。一方面，它们打破了传统媒体单向传播的模式，鼓励用户参与评论、转发和点赞等互动行为，使每个人都有机会成为信息的生产者和传播者；另一方面，社交媒体平台上的意见领袖（KOLs）和网红们凭借其庞大的粉丝基础，能够在短时间内将某些话题推上热搜榜，引发广泛关注。总之，微博和微信等社交平台通过整合多种传播元素，实现了新闻从生产到消费的全链条革新，极大地丰富了人们的资讯获取途径，同时也为媒体从业者带来了新的挑战和机遇。随着技术的进步和社会文化的演变，未来这两个平台还将继续发挥其独特的优势，进一步拓展新闻传播的边界。

（二）社交算法对信息流的影响

社交算法是现代社交网络平台的核心组件之一，它决定了用户在浏览界面看到哪些内容以及如何排序。在微博、微信等平台上，社交算法通过对海量数据的分析处理，实现了个性化推荐，即根据用户的兴趣偏好、历史行为、社交关系等因素，筛选并推送最有可能引起关注的内容。这种方式不仅提高了用户体验的质量，还让信息流变得更加精准有效。然而，社交算法的应用同样带来了一系列复杂的问题。

首先，算法推荐系统容易导致“信息茧房”现象。由于它倾向于呈现与用户已有认知相符的信息，长此以往可能会限制人们接触不同观点的机会，形成封闭的知识体系。这不仅不利于个体思维的开阔，还可能加剧社会群体之间的对立情绪。其次，社交算法的透明度较低，普通用户难以了解具体的工作原理，这就引发了关于隐私保护和技术黑箱的担忧。一些研究指出，若不加以监管，平台甚至可以利用算法收集敏感个人信息，用于商业目的或其他用途，这对公众利益构成了潜在威胁。最后，算法推荐存在一定的偏向性，特别当涉及敏感话题或争议性事件时，可能导致虚假信息的扩散。例如，部分别有用心的人会故意制造耸人听闻的标题党内容，借助算法漏洞迅速获得大量曝光，进而误导大众舆论。

为了应对上述挑战，社交平台需要采取一系列措施来优化算法机制。一方面，应加强算法的公平性和公正性建设，确保推荐结果尽可能覆盖多元化的视角，避免过度集中于某一类内容；另一方面，提高算法透明度至关重要，平台可以考虑公开部分关键参数或提供解释说明，让用户清楚知道自己的信息是如何被挑选出来的。此外，建立健全的内容审核制度也不可或缺，通过人工审查与机器学习相结合的方式，识别并阻止不实或有害信息的传播。总之，社交算法作为连接用户与内容的重要桥梁，其健康发展对于维护健康的网络环境具有深远意义。在未来的发展中，如何平衡个性化服务与社会责任之间的关系，将是所有社交平台必须面对的重要课题。

（三）社交网络中的假新闻问题

社交网络的广泛普及为信息传播提供了前所未有的便利，但同时也催生了一个严重的社会问题——假新闻的泛滥。假新闻指的是那些有意编造、歪曲事实或断章取义的虚假信息，它们通常以吸引眼球为目的，在缺乏核实的情况下迅速扩散开来，给个人和社会带来了诸多负面影响。在微博、微信等社交平台上，假新闻之所以能够轻易滋生并广泛传播，主要归因于以下几个因素。

首先，社交网络的低门槛和匿名性特征使得信息发布变得极为容易，任何人都可以在没有严格审核的情况下发表言论。这种自由虽然促进了言论表达的多样性，但也为恶意造谣者提供了温床。其次，社交算法的存在加剧了假新闻的传播速度。如前所述，算法推荐系统往往优先推送热门话题，而那些夸张的内容更容易引发点击和分享，从而获得更多的曝光率。再次，社交网络的强互动性和高黏性特性促使用户频繁参与信息流转的过程。一旦某个假新闻出现在用户的时间线上，他们很可能出于好奇或同情心将其转发出去，无意间成为谣言的帮凶。最后，部分媒体和自媒体为了追求流量变现，不惜牺牲新闻的真实性，故意夸大或篡改事实，误导读者。

针对这一现象，社会各界已经意识到问题的严重性，并开始采取行动。政府相关部门出台了一系列法律法规，加大对制造和传播假新闻行为的打击力度，如《网络安全法》明确规定禁止任何单位和个人从事危害国家安全、扰乱社会秩序的活动。各大社交平台也在不断完善自身的监管机制，建立专门的内容审核团队，运用人工智能技术自动检测可疑信息，并对违规账号实施封禁处罚。与此同时，公众教育的重要性日益凸显，培养网民的媒介素养和批判性思维能力，教会他们如何辨别真伪信息，成为解决假新闻问题的关键所在。此外，鼓励和支持独立第三方的事实核查机构发展，为公众提供权威可靠的验证服务，也是构建良好网络生态的有效途径。总之，治理社交网络中的假新闻是一项系统工程，需要多方共同努力，共同营造一个健康、有序的信息环境。

二、视频直播与短视频的流行

（一）直播平台如斗鱼、虎牙的成长

视频直播作为一种新兴的互动娱乐形式，在过去几年间经历了爆炸式增长，而斗鱼和虎牙作为行业内的领军者，无疑是这一浪潮中的佼佼者。斗鱼成立于 2014 年，最初以游戏直播为核心内容，迅速吸引了大量电竞爱好者和玩家的关注。凭借其强大的技术支持和优质的主播资源，斗鱼不仅提供了高清流畅的观看体验，还通过举办各类线上线下赛事活动，增强了用户的参与感和黏性。随着用户基数的不断扩大，平台逐渐扩展到涵盖综艺、音乐、户外探险等多个领域的内容，形成了多元化的发展格局。

相比之下，虎牙则更加注重技术创新和服务优化。自 2016 年独立运营以来，虎牙致力于打造一个全方位的直播生态系统，推出了诸如蓝光直播、弹幕互动等特色功能，极大地提升了用户体验。同时，它积极引入 AI 智能推荐系统，根据用户的兴趣偏好精准推送个性化内容，确保每位观众都能找到自己喜欢的节目。此外，虎牙还特别强调社区文化建设，鼓励主播与粉丝之间建立深厚的情感纽带，营造出和谐友好的交流氛围。

两大平台的成功并非偶然，它们共同抓住了互联网发展带来的机遇，不断探索新的商业模式。例如，斗鱼和虎牙都建立了完善的打赏机制，让观众可以通过赠送虚拟礼物来支持喜爱的主播，这不仅增加了收入来源，还为主播们提供了持续创作的动力。为了进一步巩固市场地位，两家企业还在版权合作方面进行了深度布局，与众多知名 IP 达成协议，获得了独家转播权或授权开发衍生产品。这些举措不仅丰富了平台内容库，还提高了品牌的知名度和影响力。

值得注意的是，随着 5G 技术的应用和普及，视频直播将迎来新一轮的技术革新。更高的带宽、更低的延迟将使得超高清甚至 8K 画质成为可能，为用户提供更为震撼的视听享受；同时，VR/AR 等沉浸式技术也将融入其中，创造全新的互动场景。面对未来的发展趋势，斗鱼和虎牙将继续秉持创新精神，加大研发投入，不断提升服务质量，努力构建更加开放、多元化的直播生态，引领行业发展新方向。总之，从初期的游戏直播起步，到如今覆盖广泛的综合娱乐平台，斗鱼和虎牙的成长历程见证了中国视频直播产业的崛起与繁荣。

（二）短视频平台抖音、快手的用户行为

短视频平台抖音和快手以其独特的魅力席卷全球，深刻改变了人们的休闲娱乐方式和社会交往模式。这两个平台之所以能够吸引如此庞大的用户群体，很大程度上得益于其简单易用的操作界面和丰富的 UGC（用户生成内容）生态。在抖音上，用户可以轻松制作并分享 15 秒至数分钟不等的创意短片，涵盖舞蹈、美食、旅行、运动等多种主题。这种低门槛的内容创作环境激发了全民参与的热情，无论是专业摄影师还是普通百姓，都能在这里找到属于自己的

舞台。据统计，截至2023年年底，抖音的日活跃用户数已突破6亿大关，日均上传视频量达到千万级别，显示出惊人的活力。与此同时，快手则更加强调社交属性和地域文化特色。作为一个“记录世界，记录你”的平台，快手致力于展现真实的生活百态，尤其是那些被传统媒体忽略的小众群体和偏远地区的故事。平台上汇聚了来自全国各地的创作者，他们用镜头捕捉身边的点滴瞬间，传递正能量。例如，“老铁”文化便是快手社区的一大亮点，它代表着一群志同道合的朋友之间的深厚情谊。此外，快手还推出了一系列扶持计划，如帮助草根艺人成长，鼓励原创内容生产，形成了良性的循环体系。

在使用习惯方面，抖音和快手的用户表现出明显的差异。抖音用户往往更关注潮流热点和明星效应，倾向于浏览热门榜单上的爆款视频，并积极参与挑战活动。平台算法会根据用户的浏览历史进行个性化推荐，使每个人都能发现自己感兴趣的内容。而快手用户则更加注重人情味和个人表达，喜欢围绕特定话题展开讨论，形成一个个小型社群。评论区常常是热闹非凡，网友们相互交流心得、分享经验，建立起紧密的联系。不仅如此，快手还特别设置了同城页面，方便用户发现身边的精彩事物，促进了信息传播的本地化。

随着短视频市场的竞争加剧，抖音和快手都在不断创新服务功能，以满足用户日益增长的需求。例如，两者都引入了直播带货模式，开辟了新的盈利渠道；同时，还加强了对青少年模式的建设，确保未成年人能够在安全健康的环境中享受乐趣。总之，抖音和快手不仅是两款流行的移动应用，更是当代社会文化和生活方式的重要组成部分，它们将继续引领短视频领域的变革与发展，为用户提供更多元化的体验。

（三）视频内容创作的趋势与创新

视频内容创作正经历着前所未有的变革，新技术的应用和用户需求的变化推动了这一领域的快速发展。当前，短视频和直播形式占据了主导地位，但创作者们并没有止步于此，而是积极探索更加多样化和富有创意的表现手法。首先，竖屏视频逐渐成为主流。相较于传统的横屏格式，竖屏更适合手机屏幕的比例，便于单手操作，因此受到了年青一代的青睐。许多品牌和媒体机构也开始尝试采用竖屏广告或故事线，以适应移动优先的消费习惯。其次，微纪录片和迷你剧集受到热捧。这类作品通常具有紧凑的情节结构和深刻的主题思想，能在短时间内引发强烈共鸣。例如，《风味人间》系列就是一部成功的美食类微纪录片，它以精致的画面和动人的叙述赢得了广泛好评。

此外，互动式视频也是一个重要的发展方向。借助 HTML5 技术和增强现实，观众不再只是被动地接收信息，而是能够参与剧情发展，选择不同的分支路径，体验个性化的结局。这种方式大大增强了用户的沉浸感和参与度，为传统叙事带来了全新可能性。腾讯视频推出的《古董局中局之佛头起源》便是国内首部全视角互动影视作品，开创了先河。再者，跨界融合成为内容创作的新趋势。不同类型的元素相互碰撞，产生了意想不到的效果。比如，综艺节目开始借鉴电影拍摄技巧，邀请知名导演加盟；而一些电视剧则融入了游戏元素，设计了任务关卡和奖励机制，让追剧变得更加有趣。

除上述形式上的创新，内容本身也在不断追求深度和广度。创作者们更加注重挖掘社会现象背后的意义，讲述普通人的真实故事，传递正面价值观。例如，B 站上涌现出一批聚焦青年亚文化的优质 UP 主，他们用镜头记录下城市街头艺人的生活点滴，探讨环保议题，呼吁关爱弱势群体。这样的内容不仅丰富了平台的文化内涵，还激发了公众对于社会责任的关注。最后，随着人工智能和大数据分析技术的进步，智能化创作工具应运而生。这些工具可以帮助编剧快速生成剧本大纲，辅助剪辑师完成复杂的后期处理工作，从而提高效率，降低成本。总之，视频内容创作正处于一个充满机遇和挑战的时代，未来的可能性无限广阔，期待更多精彩的篇章诞生。

三、新型传播工具和技术的应用

（一）虚拟现实和增强现实在新闻报道中的尝试

虚拟现实和增强现实技术正在深刻改变新闻报道的方式，为观众提供前所未有的沉浸式体验。通过这些先进技术，媒体机构能够将用户带入事件的核心现场，使得信息传递不仅限于文字和图像，而是转变为一种身临其境的互动体验。VR 新闻利用全景视频或 3D 建模创建一个完全模拟的真实环境，让用户仿佛置身于事件发生地，亲历历史时刻。例如，《纽约时报》推出的 *The Displaced* 项目，采用 VR 技术讲述了三名因战争而流离失所儿童的故事，使读者能够更直观地感受到冲突地区人民的生活困境。这种沉浸式的报道方式极大地增强了故事的感染力和教育意义，激发了公众对全球问题的关注与思考。

AR 技术是在现实世界的基础上添加数字元素，以增强用户的感知体验。它可以通过智能手机或智能眼镜实现，允许用户在保持与周围环境互动的同时获取额外的信息。在新闻报道中，AR 可以用来叠加地理信息、统计数据或专家评论等内容，帮助观众更好地理解复杂的数据和抽象的概念。比如，在自然灾害报道中，记者可以在受灾区域的地图上标记救援物资分配点的位置；在经济新闻中，则可以展示实时股市行情或经济指标图表。此外，AR 还可以用于博物馆展览、文化遗产保护等领域，让人们更加生动地了解历史文物背后的故事。总之，VR 和 AR 技术的应用不仅丰富了新闻的表现形式，还为传统媒体带来了新的发展机遇。随着硬件设备的不断普及和技术成本的降低，未来这两种技术将在更多领域展现出巨大的潜力，进一步推动新闻行业的创新与发展。

（二）智能语音助手如 Siri、Alexa 的信息传递功能

智能语音助手（IVAs），如苹果的 Siri、亚马逊的 Alexa 以及谷歌助手等，已经成为现代生活中不可或缺的一部分。它们凭借自然语言处理（NLP）技术和机器学习算法，实现了人机对话的无缝对接，极大地方便了人们获取信息和服务的途径。对于新闻行业而言，IVAs 同样扮演着重要的角色，它们不仅改变了用户获取新闻的方式，还为媒体机构提供了全新的分发渠道和营销手段。

首先，IVAs 简化了信息检索的过程。用户只需发出简单的语音指令，就能快速获得最新的新闻资讯。例如，“嘿，Siri，有什么最新的新闻?”或者“Alexa，播放今天的头条新闻”。这种便捷性尤其适合当今人们忙碌的专业人士和老年人群体，他们可能不愿意花费时间浏览网页或阅读长篇文章。其次，IVAs 可以根据用户的偏好定制个性化的新闻推送。通过分析用户的搜索历史、兴趣标签及社交关系网，系统能够准确识别出最符合个人需求的内容，并在适当的时间进行提醒。这不仅提高了信息的相关性和实用性，还增强了用户体验的满意度。最后，智能语音助手还支持多轮对话，允许用户深入追问感兴趣的细节，甚至参与话题讨论，形成了良好的互动氛围。除直接向用户提供内容外，IVAs 也为媒体机构创造了更

多的商业价值。一方面，它们可以作为品牌推广的新平台，通过植入广告、赞助节目等形式增加收入来源；另一方面，借助 IVAs 收集到的大数据分析用户行为模式，有助于优化编辑策略，提高内容的质量和影响力。值得注意的是，尽管 IVAs 带来了诸多便利，但同时也引发了关于隐私保护和技术伦理的讨论。如何确保用户数据的安全性，防止滥用个人信息，是所有开发者必须面对的重要课题。总之，智能语音助手作为连接人与信息的桥梁，正逐步改变着新闻传播生态，为未来的媒体发展开辟了广阔的空间。

（三）物联网设备带来的全新传播可能性

物联网（IoT）是指通过互联网将各种物理设备连接起来，使其能够相互通信并交换数据的技术体系。随着传感器、云计算和大数据等关键技术的发展，越来越多的传统设备被赋予了联网能力，从而开启了万物互联的新时代。在这个背景下，物联网设备为新闻传播带来了前所未有的机遇和挑战，彻底颠覆了我们对信息生产和消费的传统认知。

首先，物联网设备能够实时采集大量的环境数据和社会动态，为新闻报道提供了丰富的素材来源。例如，智能家居系统中的摄像头可以捕捉到社区内的突发事件；交通监控设施能反映道路状况的变化；气象站则能精确记录天气变化趋势。这些来自不同领域的实时数据经过整理和分析后，可以转化为有价值的新闻内容，帮助公众及时了解身边发生的大小事。更重要的是，基于物联网的自动化流程减少了人为干预的可能性，保证了信息的真实性与时效性。

其次，物联网设备促进了跨平台的信息共享与协同工作。无论是智能手表还是车载娱乐系统，都可以成为接收新闻更新的有效终端。这意味着用户无论身处何地，都能够随时接收到自己关心的消息。同时，不同类型的设备之间还可以相互协作，共同完成复杂的任务。比如，在紧急情况下，手机上的应急应用可以自动通知附近的消防站和医院，并同步发送位置信息给相关部门。此外，物联网设备还可以根据用户的日常习惯调整推送频率和内容类型，实现精准化服务。

最后，物联网技术的应用还拓展了新闻传播的边界，催生了一系列新兴业务模式。媒体机构可以通过与制造商合作，在产品内置新闻订阅服务，或者开发专门针对特定场景的应用程序。例如，健身器材制造商可以在跑步机上集成健康资讯模块；家电厂商可以在冰箱屏幕上显示食谱推荐和烹饪教程。这种方式既增加了用户的黏性和忠诚度，也为品牌营销提供了新的思路。然而，随着物联网设备的广泛应用，网络安全和个人隐私保护等问题也日益凸显。为了保障公共利益，政府和企业需要共同努力，建立健全相关法律法规和技术标准，确保这一新兴产业健康发展。总而言之，物联网设备正在重新塑造新闻传播的格局，为创造更加智能化、个性化和高效化的信息生态系统奠定了坚实的基础。

第二章　新媒体新闻理论与实务

第一节　新媒体新闻理论框架

一、新媒体的定义与发展

（一）什么是新媒体

新媒体概念是1967年由美国哥伦比亚广播电视网技术研究所所长戈尔德马克最早提出来的；1969年美国传播政策总统特别委员会主席E. 罗斯托在向尼克松总统提交的报告书中也多处提到“新媒体”这一概念。由此“新媒体”一词在美国开始广泛流行，并在不久之后影响了全世界。

新媒体是一个相对的、动态的概念，它的内涵会伴随着通信技术的发展而有所改变，且总是特指“今日之新”。当我们要研究新媒体的概念时我们要知道它的内涵与外延。学术界关于新媒体的定义也是各抒己见，各有所长。比较有代表性的是中国人民大学新闻学院郭庆光教授对新媒体的见解，他认为：“我们所谈论的新媒介主要指卫星通信、数字化、多媒体和计算机网络等技术的发展而出现的新型传播媒介，包括跨国卫星广播电视、多频道有线电视、文字、音像的电子出版以及作为信息高速公路之雏形的互联网络等。”上海文广新闻传媒集团原总裁黎瑞刚曾说道：“我们所谓的新媒体是相对而言的，是在我们平时见到的报刊、广播、电视等传统媒体以后发展起来的新的媒体形态，最常见的就是数字媒体和网络媒体，新媒体是未来媒体发展的重点，正受到广泛关注，其发展前景不可限量。”科技日报社原副社长汤东宁也认为：新媒体主要是指以网络为主体的新兴的传播平台。有些学者认为新媒体就是一种为信息共享和传播提供平台的互联网；还有些学者也将新媒体定义为互动式复合化数字媒体。所以，从不同视角和出发点出发的研究者对新媒体的定义和解读就产生了差异。

根据以上观点，本书认为，不能单一地把网络媒体称为新媒体，实际上这是一个相当笼统的概念，新媒体只是一种简单易懂的表达方式，而数字化互动式新媒体则是比较精密的表达方式。从技术层面上看，新媒体具有数字化的特征；从传播特性上看，新媒体具有高度的互动性。所以新媒体的基本特征就包括数字化和互动性，并且新媒体传播信息的发送和接受既可以是同步的，也可以是异步的，因此新媒体的传播过程具有非线性的特点。新媒体是会伴随着传播技术的进步而有所改变的一个相对的含义。因此，新媒体特指今日之新，并且从人类传播的历史来看应是一个时代的范畴，并非昨日之新或者明日之新。不同的历史时期会存在着不同的新媒体。例如，四百年前的工业革命时期，报纸相对于口头传播、人际传播以及书籍，就是新媒体；1920 年左右，无线电广播技术以其独有的快捷和方便的传递信息等特性，弥补了时空上对报纸的限制，相对于报纸而言，广播能带来具有强烈感染力的现场感，成为当时的新媒体；1928 年 7 月初，从约翰·罗吉·贝尔德在纽约研制出的一台彩色电视开始，标志着电视时代的到来，电视以其信息传播及时、画面生动形象等特点，成为当时影响较大的新媒体；当我们进入信息时代，网络媒体就是继广播电视之后的又一崭新传播媒介，也就是这个时代的新媒体。

当前，关于新媒体的概念内涵与外延的说法处在混乱的状态，但我们并不能因为这些学者的视角和起点不同以及看法的不统一等问题，就忽视了传统的类别和属性差别，也就是说对新媒体的定义需要进行缜密的研究，片面的研究只能让我们在研究新媒体的道路上越偏越远。近年来，我们定义新媒体最常用的是推理论证的方法，但是这些以形而上学的方法确立的体系从根本上就失去了准确性，并且这些体系仍处在争论与分歧之中，最后还偏离了新媒体本身是什么这个最本质的问题。关于新媒体比较有代表性并且有一定影响的观点：美国的《连线》杂志将新媒体定义为所有人对所有人的传播，这个观点很明确地点明了新媒体的本质特征，但这并不是概念性的定义，只能算是一种口号。一家博客咨询网的开创者凡·克劳思贝将新媒体定义为："就是能对大众同时提供个性化的内容的媒体，是传播者和接受者融会成对等的交流者，而无数的交流者相互间可以同时进行个性化交流的媒体。"他明确地指出了新媒体"一对一""一对多""多对多"的传播模式，但这与"所有人对所有人的传播"有些类似，这个定义还需要提炼完善。我国的学者关于新媒体也有各自的见解，如国务院发展研究中心原副局长岳颂东提出："新媒体是采用当代最新科技手段，将信息传播给受众的载体，从而对受众产生预期效应的介质。"他的发言力求为新媒体下一个比较全面的定义，希望这个定义能经受住时间的考验，但是这种尝试似乎没有实际意义。因为新媒体是一个不断发展变化的概念，在这里不能有模糊的时间限定，所以无法准确地定义新媒体。清华大学新闻与传播学院新媒体研究中心主任熊澄宇教授曾在中国网络媒体论坛上指出：“今天的新媒体主要是指在计算机信息处理技术基础上产生和影响的媒体形态，包括在线的网络媒体和离线的其他数字媒体形式。”熊教授定义的观点明确清晰，但这种观点在处理技术上范围过大，因为许多传统媒体也在运用计算机信息处理技术，所以此观点也需完善。

（二）数字化转型对新闻业的影响

数字化转型是 21 世纪以来最为显著的社会变革之一，对于新闻业而言，其影响几乎是革命性的。随着互联网的普及，尤其是智能手机和平板电脑的广泛使用，新闻消费模式发生了根本性的改变，人们不再依赖传统的纸质媒介或固定时间的广播电视节目来获取信息。相反，他们能够随时随地通过各种数字平台访问最新的新闻报道。这种转变不仅加快了信息传播的速度，还极大地增强了受众的参与感，评论、分享和转发等功能让每个人都可以成为信息的传播者。数字化转型还促使新闻机构采用先进的数据分析工具，以便更好地了解读者偏好，实现精准推送。同时，虚拟现实、增强现实等前沿技术的应用，为新闻呈现提供了全新的视角和体验。然而，数字化转型也带来了挑战，比如如何在海量的信息中保持内容的独特性和权威性，以及应对虚假信息的扩散问题。为了适应这些变化，新闻组织不得不重新思考自身的定位和发展方向，探索新的盈利模式，如会员订阅、众筹资助等。此外，数字化转型还改变了新闻工作者的角色，除传统的采编工作外，他们还需掌握 SEO 优化、社交媒体运营等多项技能。总之，数字化转型给新闻业带来的不仅是技术和业务层面的变化，更是思维方式和价值观念的深刻变革，它正引导着整个行业走向一个更加开放、互联和创新的未来。

（三）社交媒体平台的角色

社交媒体平台在新媒体新闻生态中扮演着不可或缺的角色，它们不仅作为信息传播的新渠道，还成为用户生成内容（UGC）的重要来源，极大地改变了新闻生产和消费的方式。通过 Facebook、Twitter、微博、Instagram 等社交平台，普通民众可以即时分享和评论全球事件，使得每个人都能成为潜在的信息发布者，这种去中心化的信息流通模式削弱了传统媒体的垄断地位，促进了多元声音的表达。同时，社交平台上的算法推荐机制根据用户的兴趣偏好推送个性化内容，实现了精准的信息匹配，提高了信息传递效率。此外，社交媒体为新闻机构提供了宝贵的用户反馈数据，通过分析这些数据，编辑部能够更好地理解受众需求，调整报道策略，优化内容制作流程。然而，社交媒体平台也带来了新的问题，如假新闻的快速扩散、隐私泄露风险增加以及网络暴力现象频发，这些问题对公共舆论环境造成了负面影响。为了应对上述挑战，各大社交平台正在加强内容审核力度，引入人工智能技术自动检测有害信息，并建立社区管理规则，鼓励健康积极的交流氛围。另外，社交媒体平台的崛起也为品牌营销和广告投放开辟了新路径，新闻组织可以通过合作推广或直接销售广告位获取收益，形成了一种新型商业模式。值得注意的是，随着短视频应用如 TikTok 等的流行，视频内容逐渐占据主导地位，改变了人们的阅读习惯，促使新闻从业者学习并掌握视频剪辑、直播互动等技能。总的来说，社交媒体平台已经深深融入现代新闻实践，它既是推动新闻变革的动力源泉，也是需要谨慎管理的责任田，其角色的重要性在未来只会更加凸显。

二、新媒体新闻的特点

（一）即时性与互动性的提升

新媒体新闻通过互联网技术实现了前所未有的即时性和互动性，彻底改变了人们获取和参与新闻的方式。在传统媒体时代，新闻报道从事件发生到最终呈现在公众面前往往需要经过一段时间的编辑、排版和发行过程，而新媒体平台则允许记者在事件发生的瞬间就上传报道，用户可以实时获得最新的新闻资讯。例如，在重大突发事件中，社交媒体上的直播功能使得现场目击者能够第一时间分享所见所闻，让全球观众同步了解事态发展。这种即时性的特点不仅加快了信息传播的速度，更增强了新闻的真实感和临场感。与此同时，新媒体平台还极大地提升了用户的互动性，评论区成为公众表达意见、讨论热点话题的重要场所。读者不再仅仅是被动的信息接收者，他们还可以通过点赞、转发、评论等方式参与新闻故事的发展，甚至影响事件走向。此外，许多新闻网站和应用程序提供了个性化推荐服务，根据用户的浏览历史推送相关内容，进一步加深了个人与新闻之间的联系。互动性还体现在用户生成内容（UGC）方面，任何人都可以在平台上发布自己的观察或见解，形成多元化的舆论场。值得注意的是，随着移动设备的普及和技术的进步，如5G网络的应用，即时性和互动性得到了进一步增强，新闻消费变得更加便捷和高效。尽管如此，即时性和互动性的提升也带来了挑战，如虚假信息的快速传播、隐私保护等问题。为了应对这些挑战，新闻机构和社交平台不断优化内容审核机制，利用人工智能等先进技术过滤不良信息，维护健康的网络环境。总之，新媒体新闻的即时性和互动性为公众提供了更加丰富、生动的信息体验，同时也促使新闻从业者不断提升自身的专业素养和技术能力，以适应这个瞬息万变的时代。

（二）内容多样化与多媒体融合

新媒体新闻的特点之一是其内容形式的极大丰富和多媒体元素的深度融合，这一特性重新定义了新闻的表现方式和用户体验。传统媒体主要依赖文字和静态图片传递信息，而在新媒体环境中，音频、视频、动画、图表等各种多媒体元素被广泛应用于新闻报道之中，形成了一个视听结合、图文并茂的立体化信息展示平台。短视频因其短小精悍、易于传播的特点成为新媒体时代的宠儿，无论是新闻片段还是深度报道，都可以通过几分钟的视频呈现给观众，既满足了快节奏生活下人们对高效获取信息的需求，又增加了观看的乐趣。同时，虚拟现实和增强现实技术的应用为用户带来了沉浸式新闻体验，使他们仿佛置身于事件现场，亲身感受新闻的发生。除多媒体形式的创新外，新媒体新闻的内容范围也在不断扩大，涵盖了从国际政治到地方民生，从科技前沿到文化娱乐等多个领域，极大地满足了不同兴趣群体的需求。新闻组织还可以根据用户的反馈及时调整报道重点，实现内容定制化和服务个性化。此外，多媒体融合还促进了跨平台合作，同一新闻故事可能在多个渠道同步推出，包括网站、App、社交媒体等，形成了全方位、多层次的传播格局。不仅如此，新媒体平台还鼓励用户创作和分享内容，UGC 模式下的民间视角为新闻增添了更多元的声音和观点。然而，内容多样化和多媒体融合也带来了新的挑战，比如如何保证视觉效果与新闻质量并重，以及防止过度娱乐化倾向影响新闻的专业性和严肃性。为了克服这些问题，新闻工作者必须掌握多样化的技能，包括但不限于摄影摄像、音视频编辑、数据可视化等，并遵循严格的编辑标准和伦理准则。综上所述，新媒体新闻通过内容多样化和多媒体融合为用户提供了更加丰富多彩、引人入胜的信息产品，同时也推动着整个新闻行业朝着更加开放、创新的方向发展。

三、新媒体环境下的受众分析

（一）用户行为模式的变化

新媒体环境下，用户的新闻消费行为发生了根本性的转变，这种变化不仅影响了信息获取的方式，也重塑了人们与媒体互动的模式。在传统媒体时代，受众主要依赖定时播出的电视节目或定期发行的报纸杂志来获取新闻，而在数字时代，互联网和移动设备使人们能够随时随地访问最新资讯，打破了时间和空间的限制。用户不再被动接受媒体推送的内容，而是主动搜索、筛选并定制自己感兴趣的信息源，社交媒体平台如 Facebook、Twitter 等成为重要的信息集散地。用户习惯于通过关键词搜索、话题标签追踪以及个性化推荐算法来找到符合自己兴趣的新闻内容，这使得信息消费变得更加碎片化和个人化。此外，即时通信工具和社交网络让用户可以在第一时间分享新闻链接，形成病毒式传播效应，扩大了信息的覆盖面。与此同时，用户对于新闻的真实性和时效性要求更高，他们期待能够在事件发生的瞬间获得准确报道，并且积极参与讨论和评论，表达自己的观点和情感。随着短视频平台的兴起，如 TikTok 等视频形式的新闻逐渐占据主导地位，用户更倾向于观看简短、生动的视觉内容，而非传统的长篇大论。直播功能则提供了更加直接的交流机会，观众可以实时提问并与主持人互动，增强了参与感和亲近感。然而，这些变化也带来了新的挑战，例如，信息过载问题日益严重，用户面对海量信息容易产生选择困难；虚假信息借助社交网络传播迅速，误导公众舆论；隐私保护成为重要议题，如何平衡个性化服务与个人数据安全成为一个亟待解决的问题。为了适应用户行为模式的变化，新闻机构必须不断创新传播策略，优化用户体验，比如开发智能推荐系统、强化移动端应用功能、加强多媒体内容创作等，以满足用户多样化的需求。总之，新媒体环境下的用户行为模式正在不断演变，它既为新闻业带来了前所未有的机遇，也为从业者提出了更高的要求。

（二）定制化与个性化服务

新媒体的发展推动了新闻服务从大众化向定制化和个性化的转变，这一趋势深刻改变了新闻生产和消费的方式。在传统媒体环境中，新闻内容是按照统一标准制作并面向所有读者发布的，无法充分考虑到个体差异和特殊需求。然而，在新媒体平台上，通过大数据分析、人工智能算法等技术手段，新闻组织可以深入了解每个用户的偏好、习惯和历史记录，从而为他们量身定制专属的信息流。例如，许多新闻应用程序利用机器学习模型预测用户可能感兴趣的话题，并根据其浏览行为动态调整推送内容，确保每一次打开 App 都能看到最相关的信息。不仅如此，社交媒体平台上的个性化推荐系统也会基于用户的点赞、评论、分享等活动自动筛选出符合其口味的文章或视频，提高了信息匹配的精准度。除内容定制外，新媒体还提供了多样化的交互方式，如专题订阅、话题跟踪、兴趣小组等，让用户可以根据自己的兴趣爱好自由选择关注领域，甚至参与新闻制作过程，成为内容创作者的一员。此外，虚拟现实和增强现实技术的应用为用户创造了沉浸式的新闻体验，使他们仿佛置身于事件现场，亲身体验新闻的发生过程。定制化和个性化服务不仅仅是技术进步的结果，更是市场驱动下的一种必然选择。在这个竞争激烈的媒体环境中，只有那些能够精准把握用户需求、提供独特价值的品牌才能脱颖而出。因此，新闻机构纷纷投入资源研发智能化工具，优化编辑流程，提升内容质量和创新力。同时，他们也在探索新的商业模式，如付费会员制、众筹项目等，以实现可持续发展。值得注意的是，定制化和个性化服务虽然带来了诸多好处，但也引发了对信息茧房现象的关注，即过度过滤可能导致用户只接触到单一视角的内容，削弱了全面了解社会的能力。为此，新闻从业者需要在追求个性化的同时保持开放包容的态度，鼓励多元声音的传播，促进健康理性的公共对话。综上所述，新媒体环境下的定制化与个性化服务正逐步改变着新闻生态，为用户提供更加贴心、丰富的信息体验，同时也为整个行业注入了新的活力和发展动力。

四、理论模型与应用

（一）新闻价值评估的新标准

在新媒体环境中，传统新闻价值评估的标准正经历着深刻的变革，新的评估体系逐渐形成以适应数字时代的传播特点和用户需求。传统媒体时代，新闻价值主要由时新性、重要性、接近性、显著性和趣味性五大要素构成，而在新媒体环境下，这些标准得到了拓展和更新。首先，即时性变得更加关键，由于互联网和移动设备使得信息传播可以实现零延迟，公众期待能够在事件发生的瞬间获取最新报道，这促使新闻机构加快响应速度，优化发布流程，确保第一时间传递重要资讯。其次，互动性成为衡量新闻价值的重要维度之一，用户不再满足于单向的信息接收，而是希望参与新闻故事的发展，通过评论、分享等方式表达意见，影响舆论走向，因此能够引发广泛讨论和深度参与的内容往往被认为具有更高的价值。再次，多媒体融合为新闻呈现带来了全新的可能性，视频、音频、图片等多形式的内容组合不仅丰富了用户体验，而且提升了信息传递的有效性和吸引力，那些善于利用多媒体元素创造沉浸式体验的作品更容易获得关注和认可。此外，个性化服务的重要性日益凸显，借助大数据分析和人工智能算法，新闻平台可以根据用户的浏览历史、兴趣偏好推送定制化内容，满足不同群体的需求，这种精准匹配能力极大地增强了新闻的针对性和实用性。同时，全球化背景下的多元文化视角也为新闻价值增添了新的考量因素，跨国界、跨文化的新闻报道有助于促进理解和交流，拓宽人们的视野。然而，随着社交媒体平台的普及，虚假信息和谣言泛滥的问题日益严重，这对新闻的真实性和可靠性提出了更高要求，真实可信的报道被视为最核心的价值所在。为了应对上述变化，新闻从业者必须不断调整评估标准，强化专业素养和技术能力，以适应这个快速变化的时代。总之，新媒体环境下的新闻价值评估标准正在不断发展和完善，它不仅反映了技术进步和社会变迁的影响，而且为新闻业指明了未来发展的方向。

（二）新媒体新闻伦理与法规

新媒体的迅猛发展对新闻伦理和相关法规提出了前所未有的挑战，同时也催生了一系列新的规范和准则，旨在维护公共利益和促进健康的信息生态。在传统媒体时代，新闻伦理主要围绕真实、客观、公正等基本原则展开，而新媒体环境下的复杂性和多样性使得这些原则面临新的解读和发展。首先，真实性是新闻伦理的核心，但在信息爆炸的时代，假新闻和误导性信息的传播速度极快，给社会带来巨大危害，因此如何确保新闻的真实性和准确性成为亟待解决的问题。许多国家和地区已经开始制定或修订法律法规，加强对虚假信息的打击力度，如欧盟的《通用数据保护条例》（GDPR），它不仅保护个人隐私，还规定了对虚假信息的责任追究机制。其次，隐私权在新媒体语境下变得尤为重要，在用户生成内容（UGC）模式下，个人信息容易被不当使用或泄露，这就需要建立更加严格的隐私保护规则，防止滥用。此外，透明度成为衡量新闻机构信誉的关键指标，公开编辑政策、披露资金来源、承认错误并及时更正等做法有助于增强公众信任。与此同时，多元化和包容性也是新媒体伦理的重要组成部分，鼓励不同声音的表达，避免偏见和歧视，促进公平正义的社会氛围。值得注意的是，社交媒体平台作为信息传播的主要渠道，在新闻伦理方面扮演着双重角色，既是信息发布的平台，也是管理者的身份，它们负有监督内容、过滤不良信息的责任。为此，各大平台纷纷推出社区管理指南，明确禁止仇恨言论、暴力内容、色情信息等有害行为，并运用算法推荐系统减少低质量或争议性内容的曝光率。最后，新媒体环境下的版权问题同样不可忽视，原创作者的知识产权应当得到充分尊重，未经授权的复制、转载应受到限制，这不仅保护了创作者的利益，还有利于激励优质内容的生产。综上所述，新媒体新闻伦理与法规是一个动态发展的领域，它既继承了传统新闻学的基本理念，又根据时代特点进行了创新和补充，为构建一个开放、有序、健康的数字新闻环境提供了保障。

第二节　新媒体新闻采编技巧

一、新闻素材收集

（一）数据挖掘与分析

在新媒体环境中，数据挖掘与分析已成为新闻素材收集不可或缺的重要工具，它不仅为记者提供了更广泛的信息来源，还通过先进的技术手段提升了信息处理的效率和准确性。传统新闻报道依赖记者实地采访和文献研究，而如今借助大数据技术和算法模型，可以从海量的数据中快速筛选出有价值的线索和趋势。例如，在政治选举期间，通过对社交媒体上的言论进行情感分析，可以预测公众情绪的变化和选情走向；利用地理信息系统（GIS），结合人口统计数据，能够揭示特定区域的社会经济特征及其对政策的影响。此外，开放数据平台如政府公开资源、学术数据库等为新闻工作者提供了丰富的原始资料，经过清洗、整理和解读后，这些数据可以转化为生动的故事，增加报道的深度和广度。值得注意的是，数据挖掘不仅是收集数字，还包括非结构化信息如文本、图像等内容的理解和关联分析，自然语言处理（NLP）技术使得机器能够自动提取文本中的关键实体、事件及关系，辅助记者发现隐藏在表象之下的事实真相。同时，数据可视化作为呈现复杂信息的有效方式，将抽象的数据转换成直观的图表或地图，帮助读者更好地理解新闻内容。然而，随着数据量的爆炸式增长，如何确保数据的质量和可靠性成为一个重要课题，虚假信息、不完整数据或有偏见的数据源都可能误导结论。因此，记者在使用数据分析结果时必须保持批判性思维，验证数据的真实性和权威性，并遵循透明的编辑流程。此外，数据隐私保护也是一个不可忽视的问题，遵守相关法律法规，尊重个人隐私权，是每个负责任的新闻机构应尽的责任。总之，数据挖掘与分析为新媒体新闻素材收集开辟了新的路径，它既增强了新闻的专业性和科学性，也为公众提供了更加丰富、多维度的信息体验，推动着整个行业向智能化、精准化的方向发展。

（二）社交网络信息源的利用

社交网络已经成为新媒体新闻素材收集的关键信息源之一，它不仅极大地扩展了记者获取一手资料的渠道，还促进了公民新闻的发展，使每个人都有机会成为信息的创造者和传播者。Facebook、Twitter、微博等社交平台汇聚了全球数十亿用户的日常交流和观点表达，这些平台上发布的实时更新、照片、视频等内容往往包含了最新的社会动态和个人见解，为新闻报道提供了宝贵的第一手材料。尤其是在突发事件发生时，现场目击者的即时分享可以让记者第一时间了解事态进展，迅速作出反应。除直接从用户生成内容（UGC）中寻找灵感外，社交网络还是一个重要的舆情监测工具，通过跟踪热门话题标签、评论区讨论以及转发链路，可以敏锐捕捉到公众关注的焦点问题和社会情绪的变化趋势。这有助于新闻机构调整报道策略，提前布局热点话题，提高新闻的时效性和针对性。与此同时，社交网络也改变了新闻传播的方式，互动性强、易于扩散的特点使得信息能够在短时间内覆盖大量受众，形成病毒式传播效应。为了充分利用这一优势，许多新闻组织建立了自己的官方账号，定期发布原创内容并与粉丝互动，增强品牌影响力。然而，社交网络信息源的广泛应用也带来了一些挑战，如信息过载、真假难辨等问题，需要记者具备良好的甄别能力和批判性思维，运用专业技能核实信息的真实性。此外，隐私保护和版权意识同样重要，未经许可不得随意转载他人作品，避免侵犯个人权益。面对日益复杂的网络环境，新闻从业者还需不断学习新技术，掌握数据分析工具，提升对社交网络信息的有效利用水平。综上所述，社交网络信息源的利用不仅丰富了新媒体新闻素材的来源，还为新闻业带来了更多的可能性，它促使记者更加贴近民众生活，倾听多元声音，创造出更具影响力的新闻产品。

二、内容创作与编辑

（一）故事讲述的创新方法

新媒体时代的故事讲述正在经历一场深刻的变革，创新的方法层出不穷，旨在吸引观众注意力的同时传递深刻的意义。传统的线性叙事逐渐被打破，取而代之的是多媒体融合、交互式体验和个性化定制等新型模式。短视频因其简短精悍、易于传播的特点成为最受欢迎的形式之一，几秒钟至几分钟的视频片段能够浓缩精华，迅速抓住观众的兴趣点。这种形式不仅适合快节奏的生活方式，还能通过强烈的视觉冲击力和情感共鸣加深印象。与此同时，长篇叙事并未消失，而是以更加灵活多变的方式呈现，如系列剧集、纪录片等形式，深入探讨复杂的社会议题。虚拟现实和增强现实技术的应用为故事讲述注入了新活力，用户可以通过沉浸式的环境感受身临其境的体验，仿佛置身于事件现场，亲身体验新闻的发生过程。此外，交互式新闻报道允许读者参与故事发展，选择不同的情节分支或视角，从而获得个性化的阅读体验。这种参与感极大地增强了用户的投入度和忠诚度。不仅如此，跨平台合作也成为一种趋势，同一故事可以在多个渠道同步推出，包括网站、App、社交媒体等，形成了全方位、多层次的传播格局。新闻机构还可以根据用户的反馈及时调整报道重点，实现内容定制化和服务个性化。为了适应这些变化，记者和编辑必须掌握多样化的技能，包括但不限于摄影摄像、音视频编辑、动画制作等，并且要善于利用新兴技术和工具。同时，他们还需要培养讲故事的能力，用简洁明了的语言表达复杂的思想，用生动形象的画面描绘抽象的概念。最重要的是，无论形式如何创新，真实性和人文关怀始终是新闻的核心价值所在，只有那些能够触动人心、引发思考的作品才能真正留下深刻的印象。总之，新媒体环境下故事讲述的创新方法不仅改变了新闻的表现形式，更为公众提供了更加丰富多彩、引人入胜的信息体验，同时也推动着整个行业朝着更加开放、创新的方向发展。在这样一个信息爆炸的时代，创新的故事讲述方法不仅是吸引受众的关键，还是提升新闻影响力的重要途径，它使得新闻不再仅仅是信息的传递，更成为连接人们心灵的桥梁，促进了社会的理解和共识。

（二）文本、图像和视频的整合

新媒体新闻强调多媒体融合，其中文本、图像和视频的整合尤为关键，它不仅丰富了信息的表现形式，还增强了内容的吸引力和传播效果。传统新闻报道以文字为主，辅以静态图片，而在新媒体环境中，视频元素的加入使得信息传递变得更加生动、直观。一段精心剪辑的视频可以传达大量的背景信息、情感色彩和视觉美感，远超单纯的文字描述所能达到的效果。视频中的解说词、字幕、旁白等功能进一步强化了信息的清晰度和易懂性，尤其对于国际新闻或专业领域的内容，图文并茂的形式有助于跨越语言障碍，促进全球范围内的交流与理解。与此同时，图像的选择和处理也不容忽视，高质量的照片、插图、图表等可以有效补充和支持文字叙述，突出重点，引导读者视线。例如，在财经报道中，一张反映股市波动的折线图能够让读者一目了然地看到市场走势；在体育赛事报道中，运动员的精彩瞬间被定格成永恒的画面，激发人们的情感共鸣。值得注意的是，多媒体整合并非简单的堆砌，而是要求各元素之间相互协调、相得益彰，形成一个有机的整体。这就需要记者和编辑具备良好的策划能力和审美眼光，从整体出发设计报道方案，确保每一个细节都能服务于主题表达。此外，随着移动设备的普及和技术的进步，如 5G 网络的应用，用户对多媒体内容的消费需求不断提高，新闻机构也在积极探索新的表现手法，如全景视频、360 度直播等，以满足多样化的需求。然而，多媒体整合也面临着一些挑战，比如如何保证不同媒介之间的逻辑连贯性和风格统一性，避免信息冗余或冲突；怎样在有限的空间内合理安排各种元素，不影响阅读流畅性。为此，新闻工作者必须不断提升自身的专业素养和技术能力，紧跟行业发展潮流，勇于尝试和创新。最后，无论是哪种形式的整合，最终目的都是为了更好地服务读者，让他们在享受优质内容的同时，也能感受到新闻背后的价值观和人文关怀。总之，文本、图像和视频的整合是新媒体新闻创作的重要组成部分，它不仅体现了技术的进步和创意的发挥，也为新闻业注入了新的活力和发展动力。在这个多媒体融合的新时代，成功的新闻产品不仅依赖单一元素的质量，更是取决于它们之间的和谐共舞，创造出既具深度又富感染力的作品，使新闻不仅是信息的载体，更是艺术与思想的结晶。

三、多平台分发策略

（一）适应不同平台的内容格式

在新媒体环境中，多平台分发策略要求新闻内容必须根据不同平台的特点进行优化和调整，以确保信息能够有效地传递给目标受众。每个平台都有其独特的用户群体、交互方式和技术限制，因此记者和编辑需要深入了解这些差异，并据此定制化内容。例如，在 Facebook 上，长篇图文结合的帖子往往能吸引更多的互动和分享，而 Instagram 则更适合展示视觉冲击力强的照片和短视频。Twitter 由于字数限制，强调简洁明了的语言表达，同时利用话题标签来增加可见度；相比之下，LinkedIn 更注重专业性和深度分析的文章，适合发布行业见解或专家评论。此外，针对移动设备用户的增长趋势，新闻机构还应特别考虑移动端体验，确保网页加载速度快、界面友好且易于操作。视频内容同样需要根据平台特性进行调整，YouTube 支持较长的视频格式，允许创作者深入探讨主题；TikTok 则偏好 15 秒至 1 分钟的短片，要求节奏紧凑、娱乐性强。音频方面，Podcast 成为许多人通勤或运动时获取信息的选择，它不受屏幕限制，提供了另一种接触听众的方式。不仅如此，新闻组织还需关注新兴平台的发展，如 Clubhouse 等语音社交应用，探索新的传播机会。为了实现跨平台内容的有效适配，记者和编辑需要掌握多种技能，包括但不限于摄影摄像、音视频编辑、动画制作等，同时保持对新技术的敏感度，及时更新工具库。另外，数据驱动的内容规划也变得至关重要，通过分析各平台的用户行为数据，可以精准定位受众需求，提高内容的相关性和吸引力。最后，考虑到版权和隐私问题，所有内容分发都应在遵守相关法律法规的前提下进行，确保合法合规。总之，适应不同平台的内容格式是多平台分发策略的核心要素之一，它不仅提升了新闻的覆盖面和影响力，还为公众提供了更加丰富、个性化的信息体验，推动着整个行业朝着更加多元化、创新性的方向发展。

（二）提高可见性和参与度的技术

提高新闻在多个平台上的可见性和参与度是一项复杂但至关重要的任务，这涉及一系列技术和策略的应用，旨在吸引并留住用户的注意力。首先，搜索引擎优化（SEO）技术对于提升网站内容的搜索排名具有重要作用，通过合理设置关键词、元描述和 URL 结构，可以使文章更容易被搜索引擎索引，从而增加自然流量。其次，社交媒体推广是扩大曝光率的有效手段，利用算法推荐系统，新闻机构可以在用户的时间线上优先展示相关内容，激发用户的兴趣和点击欲望。与此同时，互动性元素如点赞、评论、转发等功能鼓励用户参与讨论，形成病毒式传播效应。直播功能为观众提供了实时交流的机会，增强了参与感和亲近感，尤其是在重大事件报道时，现场连线可以让读者仿佛置身于事发现场。多媒体融合也是提升参与度的重要途径，视频、音频、图片等多种形式的组合不仅丰富了用户体验，还能满足不同群体的需求。例如，虚拟现实和增强现实技术创造了沉浸式的环境，让用户身临其境地感受新闻故事的发生过程。个性化推荐系统基于大数据分析和人工智能算法，为每位用户提供量身定制的信息流，提高了内容的针对性和实用性。值得注意的是，新闻机构还需要不断优化移动端应用的功能，确保流畅的操作体验，因为越来越多的人习惯使用手机和平板电脑浏览新闻。此外，社区建设也是不容忽视的一环，通过建立官方账号、兴趣小组等方式，聚集忠实粉丝，促进良性互动。面对日益激烈的竞争环境，新闻从业者必须紧跟技术发展趋势，勇于尝试新方法，不断提升自身的能力水平。综上所述，提高可见性和参与度的技术不仅有助于增强新闻的传播效果，还为构建一个开放、有序、健康的数字新闻生态提供了保障，它既是媒体变革的推动力量，也是新闻业持续发展的关键所在。

四、用户反馈与持续改进

（一）分析用户评论与互动

在新媒体时代，用户反馈成为新闻产品优化和迭代的重要依据，通过对用户评论和互动的深入分析，新闻机构可以获得宝贵的改进建议和市场洞察。用户评论不仅是对具体内容的意见表达，更是了解受众需求和偏好的窗口。每一条留言背后都可能隐藏着潜在的问题或机遇，通过阅读和整理这些信息，编辑部可以发现报道中存在的不足之处，如事实错误、表述不清、角度单一等，并及时作出修正。此外，评论区也是情感分析的好地方，借助自然语言处理（NLP）技术，可以自动识别出正面、负面或中立的情感倾向，评估整体舆论氛围。互动数据同样重要，点赞、转发、收藏等行为反映了用户对内容的认可程度，高互动率通常意味着较高的关注度和认可度。社交媒体平台上的话题标签等功能进一步拓展了互动范围，使得更多人能够参与讨论。值得注意的是，在用户生成内容（UGC）模式下，普通民众也可以成为信息源的一部分，他们的原创作品、照片、视频等为新闻报道增添了新鲜血液。然而，海量的数据也带来了挑战，如何从繁杂的信息中筛选出有价值的内容，避免被噪声淹没，是新闻工作者需要解决的问题。为此，许多新闻机构建立了专门的监测团队或引入自动化工具，实时跟踪和分析评论动态，确保第一时间捕捉到关键信号。同时，透明的沟通机制也不可或缺，当收到批评性意见时，应及时回应，展现负责任的态度。最后，将用户反馈纳入日常编辑流程，形成长效机制，定期总结经验教训，指导未来的工作方向。总之，分析用户评论与互动不仅是倾听民意的过程，更是提升服务质量、增强用户黏性的有效方式，它促进了新闻业与公众之间的良性互动，共同推动行业的健康发展。

（二）根据反馈优化新闻产品

根据用户反馈优化新闻产品是新媒体环境下新闻机构保持竞争力和赢得信任的关键策略之一，它要求编辑部具备敏锐的市场感知能力和快速响应机制。首先，用户反馈揭示了新闻内容的实际效果和受众反应，为调整报道方向提供了直接参考。如果某类题材频繁受到好评，则说明该领域存在较大的市场需求，可以加大投入力度，深化挖掘；反之，若某些类型的文章屡遭诟病，则需反思选题是否合适、表达是否清晰等问题，并作出相应调整。其次，反馈数据还可以帮助优化内容呈现方式，比如通过 A/B 测试不同的标题、图片或排版风格，找出最能引起共鸣的形式。多媒体元素的应用也需要根据用户喜好灵活变化，如适当增加视频比例、优化音频质量等。不仅如此，技术层面的改进同样重要，如加快网页加载速度、优化 App 性能、改善用户体验设计等，这些都是影响用户满意度的因素。此外，新闻机构还可以通过问卷调查、焦点小组访谈等方式主动收集用户意见，获得更加全面和深入的反馈。对于那些积极参与评论或提出建设性建议的用户，给予适当的奖励或表彰，增强他们的归属感和参与感。更重要的是，将用户反馈转化为实际行动，形成长效机制，使每一次改版都能体现用户的声音。这既体现了对用户的尊重，也有助于树立良好的品牌形象。最后，持续改进的过程是一个循环往复、不断完善的过程，随着社会变迁和技术进步，新闻产品的形态和内涵也在不断演变，只有始终保持学习和创新的精神，才能在这个瞬息万变的时代中立于不败之地。总之，根据反馈优化新闻产品不仅是提升内容质量和用户体验的重要手段，还是新闻业自我革新、适应时代发展的必然选择，它既维护了公众利益，又促进了新闻行业的可持续发展。

第三节　新媒体新闻传播策略

一、网络新闻正能量传播坚持的原则

网络新闻的正能量传播必须坚持社会主义核心价值观，作为党的十八大以来的重要倡导方向，这一价值观在富强、民主、文明、和谐等方面构建了全社会的共识。同时，在自由、平等、公正、法治，以及爱国、敬业、诚信和友善的强调下，社会主义核心价值观被明确为引领社会思潮的重要工具。当前，我国正面临经济快速发展导致的价值观多元化与社会思潮复杂化情况，因此，以社会主义核心价值观为指引，可以丰富人们的精神境界，并形成广泛认同，从而成为人民群众精神生活中的支柱与行动指导。树立正确的核心价值观对国家及民族的发展具有深远影响，一个民族或个人能否有效把握自我，关键就在于其依赖何种核心理念来引导自身行为和决

策。这体现出积极且有力的社会信仰必要性。

在新媒体时代，网络技术与移动化的广泛应用使得网络新闻成为日常生活的重要组成部分。随着社会经济快速发展，物质生活条件得到极大丰富，人们在基本生活需求满足后，愈发渴望精神层面的丰盈。此时，通过恰当的网络新闻传递价值观，对人们精神世界的滋养显得尤为重要。然而，当前网络新闻传播中夹杂了大量负能量，例如，以三俗新闻和标题党手法为中心的内容，不仅妨碍了健康网络环境的构建，还不符合正确价值观，引发不良社会风气，从而带来诸多消极社会影响。因此，在采集、编辑、发布过程中，网络新闻应充分践行社会主义核心价值观，通过更多宣扬爱国爱党、敬业奉献、诚实守信和和谐友善等积极内容，助力正能量传播。这种导向不仅能够增强全民族凝聚力和认同感，还将推动人的全面发展，引导整个社会走向全面进步，使其在纷繁复杂的信息环境中更具方向性及一致性。

网络新闻的正能量传播应当坚守构建社会主义和谐社会的原则，符合民主法治、公平正义、诚信友爱等基本道义。在此背景下，社会主义和谐社会体现了人民根本利益与人类理想之结合。这一社会模式要求新闻媒体，无论是传统还是新型网络媒体，通过自身渠道深入开展宣传活动，从而促使群众掌握党政方针，对国家、政府与社会建立信心。此外，实现安定有序、公平正义等和谐目标，又使得新闻工作者以此为己任，贡献于创建理想社区。因此，可以看出，在新旧媒体互动中，形成了促进社会各层面的有效机制，是推动社会主义和谐发展的重要环节。

网络新闻时代，传播方式的多样化和公民新闻的兴起，为构建和谐社会的宣传提供了新的途径。网络新闻呈现出的海量性和全时性特点，使得受众可以随时随地接收、阅读信息，这一丰富的信息环境对社会主义和谐社会的构建尤为重要。其开放性与交互性的特点不仅重视受众反馈，还鼓励民意直接表达，这进一步促进了公共事务讨论的热度，构建了良好的互动平台。在此基础上，多媒体手段的应用更是强化了传播效果，使得信息传递更加生动、富有感染力。因此，网络新闻在整个信息生态中，成为推动社会主义和谐社会建设不可或缺的重要力量。

在社会主义和谐社会的构建过程中，新闻传媒有责任承载相应的社会功能，并发挥其教育与引领作用。当前，在复杂多变的舆论环境中，各种利益群体发声互异，使得信息传播面临诸多挑战。因此，新闻媒体必须精准把握并主动引导社会主流价值观，通过严谨及时的报道为公众提供清晰的信息指向。此外，为确保正能量宣传占据主流地位，应强化对反映人民群众情感诉求及根本利益之新闻报道的重视，从而通过积极有效的信息输出，为构建和谐稳固的社会主义社会提供有力支撑。这一过程不但要求综合运用各类传播手段，更须在内容上体现多元化与统一性的结合，从而提升舆论引导能力。

在当今纷繁复杂、错综变化的网络环境中，新闻工作者作为舆论导向的重要角色，应高瞻远瞩、审时度势，将网络和新媒体的优势充分利用于正能量报道。通过综合运用多种新闻报道形式和手段，推动正向主流舆论盛行，以抑制负向信息对社会风气的侵蚀，进一步弘扬社会正气。此种举措不仅有助于传递积极向上的正确价值观，更能够培养公众的高尚道德素养，从而形成良好的社会氛围，有效净化网络环境。这一切均为构建社会主义和谐社会提供了坚实支撑，对维护国家长治久安起到关键作用。因此，广大新闻从业者需在这一过程中，牢记自身责任与使命。

二、政府机构角度：完善监督引导机制

（一）加强监管意识，维护网络媒介秩序

在互联网时代，随着网络技术的迅猛发展，人们的传播活动与社会行为日益倚赖于此，地球村的概念不仅扩展了个体对世界的感知，还对生活产生了积极及消极的影响。网络产业伴随这一变化呈现出不断发展的态势，为维护和谐上网环境，我国政府亟需增强对网络及相关媒体的监督管理能力。基于此目标，制定完善法律法规、规范网络行为和信息传播成为当务之急。此外，加强网络文化建设并促使社会各界采取配合措施，以促进有效监管格局，同样意义重大。同时，鼓励网络媒体组建自律联盟，有助于形成良好的行业自律机制，为企业提供合法运营保障。然而，目前政府在监管方面仍显不足，如单一管理手段难以应对多变环境、创新缺乏致使制度机制滞后等问题凸显，对部门之间职责划分模糊也让协作和合力难以达成。因此，有必要打破传统壁垒、优化职能设置，实现各层级部门合作共治，使整个网络治理体系更加科学高效，以推动安全稳定和有序的发展趋势。

党的十八大报告明确强调，加强网络内容建设与社会管理是当务之急，因此，政府应强化对网络新闻媒体的外部监督机制，同时提升其自律内部机制，确保网络媒介在提供正面舆论时的责任落实。此外，应在监管过程中权责分明、厘清职能，从而形成立体化、层次化及多渠道的有效监管体系，以确保网络环境的规范与有序。

首先，为有效维护新闻传播秩序，有必要加强对新闻网站及网络内容的管理，建立健全虚假新闻、低俗信息的查处机制，从严治网显得尤为重要。与此同时，应充分利用网络技术优势，实现监督与引导并重，以确保健康的新闻传播环境不断发展。

其次，实现网络媒介秩序的和谐管理需建立长效机制，通过不断更新管理理念，以优化、协调与平衡为目标，探索完善中国特色网络新闻管理机制。这一机制应结合法律规范、行政管理与行业自律，从而促进政府、网络媒体及网民之间的良性互动，为构建稳定的网络传播环境奠定基础。

最后，通过加强网络文化建设，可建立中国特色的网络新闻环境，以更好地满足人民精神需求。在这一过程中，社会主义核心价值观应成为导向，大力促进主旋律的传播。同时，正面舆论引导至关重要，应确保网络舆论环境充满正能量。此外，文明办网和上网理念应得到倡导，同时需依托守法、科学、有效的管理机制，以外部监督与内部自律相结合，从而营造有序的互联网新闻传播新生态。

（二）完善新闻管理，引导网站健康发展

随着互联网和网络新闻的快速发展，我国针对网络新闻管理已制定了一系列法律法规，但这些规定在实际操作中仍显不足。因此，亟需加强对网络新闻的管理，使其有效传播正能量。为实现这一目标，应当大力扶持重点新闻网站建设，使其在引导正面舆论和传播正确价值观方面发挥重要作用。此外，还须强化对商业网站及其他非重点新闻平台内容的监督，以保证其传递健康的信息。同时，要拓展新媒体平台如微博、微信及移动客户端的正能量报道，这不仅有助于推动社会主义核心价值观向前发展，同时还能影响受

众注意力，提高社会共识，从而形成多元、立体化和全方位的发展格局。因此，提升网络新闻在技术与业务水平上须成为头等任务，全面优化互联网新闻事业，从数量、质量到传播效果实现全面提升。

促进新闻网站健康有序发展需管控各类新闻发布，特别是重点新闻网站和自媒体。同时，完善法律法规及推进记者证制度，是保障采访权和采编队伍合法性的关键。此外，加强行业自律与公众监督可提高透明度，从而规范转载行为，明确非新闻单位的发布责任。最终，应建立健全市场化供稿机制，以促进信息资源的合理流动与利用。

网络新闻管理工作的进一步改进需完善网络媒体的自我约束，针对不良报道行为开展整改，充分发挥管理部门的主体作用。疏导被认为是最佳的内容管理手段，对那些来源不明、要素缺失或缺乏证据的新闻，应避免盲目二次传播，并通过删除、审核、过滤与查封等措施，建立多重管理机制，从而提高网络新闻质量及可靠性。

三、媒体从业者角度：承担新闻媒体责任

（一）维护网络新闻的真实性

真实构成了新闻的生命，是网络媒体建立公信力的重要基石。坚持新闻真实性，不仅是中国新闻工作的首要信条，更是其基本原则之一。因此，报道必须全面、真实地反映事件，以揭示事实真相，这样才能确保受众所接受的信息准确可靠，从而彰显新闻媒体的崇高责任感。

现代社会在倡导新闻自由的背景下，必须意识到媒体的新闻自

由应当受到一定限度的约束，而非随意杜撰、篡改或歪曲新闻。在这一过程中，新闻报道追求客观、公正和平衡显得尤为重要，这不仅适用于传统媒体，对于网络新闻而言更是如此。网络新闻发布者和传播者在日常报告中，应坚持真实性与客观性的原则，以确保报道内容能够产生积极的社会效果。然而，伴随新媒体时代的发展，网络环境中的海量信息和全时传播特性导致了受众对新闻可信度的怀疑及其价值观和道德素养方面可能出现的混乱。因此，从业者如网络记者与编辑，有必要增强自律意识，以及对媒介素养与职业道德的理解。在此背景下，他们需秉持实事求是的态度，对每条新闻进行仔细核实，以确保其要素真实可信，不能仅为迎合受众喜好或猎奇心理而选择误导性质的信息。同时，为了追求更高的点击率、经济利益以及轰动效应，新闻报道不应陷入扭曲事实、编造虚假信息及夸大真相之中。此外，应明确坚持“把关人”的职责，使得所有发布与传播的信息都保持真实客观特性。只有牢牢记住向受众传递真实且客观的信息，通过塑造信任关系，实现负责任且具正面影响力的信息交流，才能真正实现预期中的正能量传播效果。

（二）强化网络媒体的引导性

网络新闻媒体的社会责任因其影响力的迅速扩大而愈发凸显，作为重要的大众传播介质，新闻媒体不仅传递信息，还具备教育和引导功能，这一职责对公众价值观的塑造至关重要，直接关系受众意识形态与社会风气的形成。然而，当前多元化的价值取向导致社会思潮出现相对混乱，在此背景下，网络媒体成为舆论的重要放大器。通过议程设置功能，网络新闻强化正能量的宣传，有助于传达健康向上的人生观与价值观，这种引导使得公众舆论及行为趋于理性。一旦正面价值观念占据主流地位，将促使更广泛受众自然而然地倾向于积极、建设性的价值导向，实现社会风气改善。

在新媒体环境下，尤其是经济高速发展的现阶段，社会思潮的复杂性和价值观的多元化使得新闻媒体，特别是网络新闻媒体，必须主动承担起正确引导舆论方向的社会责任。这不仅是缓和社会矛盾、维护稳定的重要举措，更是为经济发展创造良好社会环境的前提。为此，网络媒体需要加大对社会主义核心价值观的传播力度。例如，重点新闻网站和商业网站应明确其价值取向，以积极传播向善、进取的正能量为己任，通过引导正确网络舆论来展现当代主流观点，从而呈现一幅积极向上、符合人民群众心声的社会图景，这进一步满足了受众对于真善美的渴求。与此同时，网络新闻从业者必须持续创新正能量新闻表现形式与手段，如开设相关专题及策划互动话题，并增加暖新闻内容比例，以平衡好媒体责任与经济利益之间的关系。此外，通过及时收集和整理网络舆情，有效提升媒体公信力，将凝聚社会正能量，引领健康有序的发展态势。因此，当代网络媒体在维持社会主义核心价值观方面扮演着至关重要的角色，其功能及其辐射力量都须深入探讨并实践落实。

（三）坚守新闻传播的道德性

在新媒体环境下，网络新闻媒体必须确立正确的传媒理念，以确保新闻报道既能符合社会利益，也需遵循国家相关法律法规。与此同时，媒体从业者应积极遵守职业道德、强化道德自律，不断增强正义感和社会良知，从而推动高品位、健康向上的信息传播。此外，他们肩负着净化网络传播环境的使命。大量存在的低俗、媚俗与虚假的网络新闻，根源于经济利益驱动，这种三俗化倾向旨在满足网民猎奇与刺激的偏好。这一现象在自媒体与“公民新闻”快速发展的背景下尤为明显，使得问责难度不断加大。由此可见，这些问题对专业新闻媒体的生产及其公信力造成了深远影响，使得公众对网络新闻媒体的信任度急剧下降。如此情形中，网络媒体承载着不可推卸的重要责任。

履行网络媒介职责时，重要的是坚持基本准则。一个优秀的网络新闻媒体及其记者与编辑须坚守新闻传播的道德底线与社会公序良俗。在倡导新闻专业精神的同时，强化职业道德规范和自律意识，有助于承担起应有的社会责任。网络新闻编辑需增强把关意识与地位认同，以有效管理网络新闻的二次传播过程，确保对稿件实施全面审核、过滤、选择与取舍。此外，树立正确传播价值观并坚持正面舆论导向对于维护媒体信誉和公信力至关重要，而大力弘扬真善美的正能量精神，通过诚挚、积极向上的报道贡献于社会和谐发展，应被视为当务之急。

（四）利用好微平台的便捷性

自2010年以来，微博、微信等社交媒体的迅猛崛起已成为引领互联网发展的主要潮流，同时，2013年移动新闻客户端的问世亦标志着媒体竞争进入一个新的高度。根据统计数据，截至2015年12月，我国手机网络新闻用户数量达4.82亿，使用率高达77.7%，这一现象表明微平台的新闻传播正在迅速占据网络空间的重要位置。从而不仅使网民通过这些平台获取新闻信息和多样化服务日益便捷，更为全社会弘扬真善美、传递正能量创造了重要条件。在此背景下，受众利用智能手机及平板电脑等移动设备，无论身处何地均可轻松浏览、评论并参与正能量新闻的讨论，这种新媒体环境赋予公民前所未有的话语权。诸如“人人都有麦克风”的观点凸显出每位个体均可在即时通信中贡献声音，实现良性互动，从而强化社会对正能量信息传播的共鸣。

在新媒体时代，网络媒体从业者面临着正能量传播的新挑战与机遇，因此必须将重点放在微平台上的正能量新闻传播上，如微博、微信及移动新闻客户端。微平台的崛起既象征着用户的主导地位，也强调内容的重要性，即优质内容是吸引和维护用户的核心因素。根据相关研究，网络新闻编辑应充分利用微平台独特的便捷性与多媒体特征，精选正能量报道的话题进行推送。在这一过程中，从业者需要关注国家政策与社会动态，不仅提升自身对新闻内容的鉴别力和判断力，同时要以积极向上的态度成为舆论引领者。此外，还需借助互联网思维，加强各媒体之间的协调合作，共同传递正确舆论导向，以达到唱响主旋律、形成集体共鸣的大合唱效果。

四、网民受众角度：提高自身媒介素养

（一）提高网民新媒体素养

随着我国互联网的日益普及，网络新媒体的快速发展不仅促进了网络新闻的繁荣，还进一步凸显了网民媒介素养的重要性。媒介素养，作为媒介受众对各类媒介信息进行解读和批判能力的体现，对个人生活和社会发展的影响愈加明显。在新媒体环境下，网民的新媒体素养涵盖了多方面，包括基本的网络使用能力、信息获取与辨识能力、信息分析以及发布再传播能力。值得注意的是，由于众多因素如教育水平及知识背景的差异，不同网民在这些方面所展现出的素养亦存在着显著差距。一些缺乏必要批判性思维技能的网民难以应对复杂的信息环境，容易受到负面新闻影响，从而扭曲对于真实事件的信息理解。因此，要实现网络新闻积极效果的传播，提升公众的新媒体素养至关重要。这种提升能够帮助网民增强对主流

媒体和主要意识形态信息进行深度分析与解读的能力，使其更加理智地参与社会事务。同时，更高层次的新媒体素养也是强化公众社会责任感的重要方式。只有当广大网民具备较强的信息处理和反思能力时，他们才能合理审视那海量铺天盖地的新闻资讯，有效抵御低质量或虚假信息带来的干扰，从而使得正能量的信息在浩瀚数据海洋中实现优质传递，以达到预期的宣传效果。

（二）培养理性的网络公民

在网络这一虚拟社会中，由于言论的隐匿性与随意性，网民的表达往往缺乏对社会后果的承担。这种匿名状态下的言论自由，不仅导致了对社会不满情绪的宣泄，还加剧了负能量的传播。由此，培养成为理性、遵循规范、高素质和有担当的网络公民显得尤为重要，网民应理性参与公共事务，自觉抵制不良信息，以维护网络空间的纯净与健康发展。

网民须培养自律意识，自觉文明地使用网络，以满足信息传播、交往、工作等多重需求。应积极合法利用网络技术，抵制三俗丑恶现象，净化网络环境，提高道德修养与文化素质，从而倡导文明健康、积极向上的氛围，共同营造和谐的精神家园。

在当前信息社会背景下，网民必须遵守道德规范，以展现高素质的网络素养。具体而言，鉴于任何人均可在网络上发布信息，其言论影响力显著增强，因此，提高个人知识和文化素养至关重要，这不仅有助于对自身言论进行把关，还增强了人们对社会责任的承担。同时，对于正能量新闻，应克服逆反心理，采取文明理智的态度进行评论，以客观事实作为依据，避免激进偏激之行为，从而共同营造良好的网络环境。

强化网民自律意识与媒介素养是网络新闻积极传播的关键环

节。提升媒介素养，有助于网民主动接受并传播正能量新闻，从而构建良好的舆论环境，推动健康有序的网络生态，以实现高效的正能量传播效果。

第三章　新媒体新闻传播技术

第一节　新媒体传播技术的种类

从20世纪到21世纪，研究者所论及的新媒体，主要是指以新一代数字化网络为主要传播平台的数字媒体群落。该新媒体传播技术的构成，包括了新媒体信息处理与生成技术、新媒体传输技术、新媒体信息存储技术以及新媒体终端技术等多个重要环节。自20世纪中期以来，伴随着计算机技术的迅猛发展，人类首次能够利用“0”和“1”编码、解码文字、图像、声音及数据。这种革命性的进步促使信息得以标准化收集、处理与存储，实现了各类信息的高速传输，不仅在一定程度上改变了人类社会的信息获取方式，更极大提高了个体和机构对信息的处理能力。这些创新彰显出数字时代的新局面，为全世界的信息交流开辟了崭新的视野。

迄今为止，所有新媒体的出现和发展皆依托电信网、计算机网及广播网三大传输平台。随着数字技术的进步，尤其是其广泛应用，这三者相互融合，各自具备了原电信网的点对点对称交换、广播网的点对面传输，以及计算机网络多点对多点方式之优越性。这种技术融合成就了数字电信网、广播网与计算机网络在新媒体运营中的根本技术基础。

一、新媒体信息处理与生成技术

新媒体制作技术的发展与普及，正在引发内容制作方式的深刻变革。当前，数字媒体技术不仅提供了优质且便捷的数字媒体制作与传播平台，还涵盖了多种信息获取设备，如数字录像机和数码录音笔。此外，各类数字媒体制作与处理软件，以及光盘、硬盘磁带、磁盘和U盘等高容量存储工具，进一步拓宽了创作的可能性。而各种网络及流媒体技术也显著推动了数字媒体信息的传播，使其不再仅限于电视台、出版社和专业网站等机构。这一系列因素共同构成了全新的生态环境，任何爱好者都有机会进行个人作品的创作与发布，从而使得数字传媒领域呈现出前所未有的多样性与活力。

数字化技术是指利用0与1进行编码，通过通信卫星、计算机及光缆等设备，对信息进行有效表达、传输与处理。这一技术综合了数字压缩、纠错掩错、多路复用及调制解调等多种方法，使得广播电视和通信信号可以采用统一编码，以码流形式传播，显著降低信号损失，提升接收效果。

（一）新媒体音频处理技术与标准

声音作为振动的波，是一种随时间变化的物理量，其核心特性包括振幅、周期和频率。音频在新媒体中扮演着重要的信息载体角色，可分为语音信号与非语音信号两类。在数字技术引入音频处理领域之后，对原始声音进行传送、存储与再现的过程中，通常需要通过取样、量化和编码实施模拟数字（AD）转换，此后所获得的数据需经由再生电路完成数字/模拟（D/A）转换，以输出可感知的模拟音频。这一过程被称作音频数字化。在此基础上，数字音频文件格式成为计算机及其他数字设备平台存储和播放音频数据的重要工具，其中常见格式如 MIDI、WAV、CDA 及 MP3 等。其中，MIDI（Musical Instrument Digital Interface），其扩展名为“. mid”，是以小数据量保存各种乐器混响发声信息，在其标准规范下，通过输出装置能够重组合成音乐，从而显著节省存储空间，并具有一定的平台兼容性，而其他一些格式可能被限制在某一特定平台内使用，这使得对不同类型数字音频文件做出适当选择成为必然。

常见的音频文件格式之一 WAV（无损音频文件格式）不仅允许无损音质存储，而且具备灵活处理音频数据的优势，因而在专业录音与信号处理领域得到广泛应用，其扩展名“. wav”不仅反映其波形特性，还提升了对多种编码标准兼容性的能力，因此被普遍选用。

在流行的声音文件格式中，CDA（激光音频文件，扩展名为“. cda”）具有准确记录声波的优势，但其文件大小较大；而 MP3 作为 MPEG 音频压缩标准生成的小数据量压缩音频文件，通过解压缩后提供音质上的妥协，因此受到广泛应用，特别是在互联网传播领域表现突出。

音频数字化所产生的庞大数据量严重影响了存储与传输效率，迫切需要实施编码压缩以降低相关费用。数字音频编码压缩可分为无损与有损两类，这些方法在算法复杂性、音频质量和压缩效率等方面呈现显著差异，其中时间复杂度、空间复杂度及编解码延时作为评估指标，直接关系到应用效果。

国际上对语音信号压缩编码的标准主要由国际电信联盟（ITU）发布，现在欧洲、北美、中国和日本的电话网络中普遍应用的语音编码器为 8 位对数量化器，其对应比特率为 64Kbps，基于

1972 年由国际电报电话咨询委员会（CCITT）标准化的 G.711 技术。随着互联网技术迅猛发展，国际电讯联盟远程通信标准化组织（ITUT）在 2005 年至 2008 年研究期内提出并制定了可变速率语音编码标准，以适应日益增加的数据传输需求。与此同时，有关数字蜂窝移动电话相关的语音编码标准亦显著影响着市场，其中在欧洲领域，由 TCH－HS 负责这项工作，该机构隶属于欧洲电信标准研究所（ETSI），而北美市场则由电信工业联盟（TIA）承接同样的任务。此外，国际海事卫星协会（INMARSAT）作为全球同步通信卫星管理组织，同样对保障沟通流畅性贡献了一系列卫星电话应用标准。这些组织及其通过研究和发展而建立的规范，为各国有效互联提供了重要参考依据。

在新媒体语音处理领域，语音处理与语音识别技术起着至关重要的作用。语音识别技术不仅涵盖声学、语言学等多个学科，还通过计算机和人工智能的应用，推动了信息处理的发展，其研究成果已经有效整合到新媒体的信息生成及传播过程之中，促进了各行业的创新与变革。

（二）新媒体图像处理技术与标准

新媒体图像处理技术以数字化技术为基础，对图像进行获取、变换、增强等加工，涉及图像变换、增强、平滑、边缘锐化、分割、编码及识别技术。这些技术的结合推动了数字图像处理的发展与应用，显著提升了视觉信息的分析与理解能力。

在新媒体技术的背景下，数字图像处理及其应用成为研究重点，其中数字化过程涉及取样、量化与编码。对图像的描述需关注分辨率、像素深度与真/伪色彩三个属性，这些属性共同决定了图像的质量和表现力，为进一步研究奠定了基础。

分辨率在影像处理和显示技术中占据重要地位，可以被进一步划分为显示分辨率和图像分辨率。显示分辨率定义为屏幕所能呈现的像素数量，其高低直接影响最终呈现图像的精细程度。例如，若屏幕可显示更多像素，则相应的图像质量将随之提升。另外，图像分辨率则量化了存储于图像中的信息量，以每英寸的像素数（PPI）来评判。在此方面，越来越多的像素意味着更清晰、高质量的视觉呈现。此外，涉及色彩表现的重要指标之一的像素深度，即每个平方上的位数，它确定了任一彩色或灰度图中的色彩级别、层次或者深度，其中包含准确描述颜色强度的信息。真色彩概念也是不可忽视，它通过 R、G 和 B 三个基色测量数据，映射出更接近真实世界感受的颜色。在视频数字化领域，我们常采用两种主要方法：一种是先将复合信号中的亮度及色调进行 YUV 或 YIQ 等格式符号化，再使用 A/D 转换器生成数字信号；另一种方式则首先对整个视频信号进行高速数字转换，然后进入后续数据处理环节以获得其他成分数据。此外，对静态影像的数据封装方面，如 BMP、JPEG、TIFF、GIF 及 PNG 等格式广泛应用于各类视觉介质，有助于显著提高文件互通能力与市场适应性，这些都反映出随着技术进步我们在影像处理及分析领域实现相关规格标准的不懈追求。

BMP 文件格式作为 Windows 操作系统中重要的图像文件标准，广泛支持于各种图像处理软件之中，然而其对存储空间的高需求限制了实际应用场景。相比之下，JPEG 格式因其高效压缩算法在互联网传播中展现出极大优势，该格式通过减少高频信息以实现图像数据的压缩，同时在色彩保留上表现出较好的性能，这使其成为网络上传输图像的首选。此外，TIFF 格式被称为“标记文件格式”，由于其具备较强的扩展性和灵活性，在多种应用情况下可接受不同模式的数据，是公认最复杂且功能丰富的图形文件类型，其可以支持多个层面的图像处理。值得关注的是，在动态图形处理领域，包括 AVI、MPEG 等主要影像文件以及流媒体 RM、ASF 和 MOV 等格式存在交替应用情况。其中 MPEG 作为视频编码标准系列以多样化选择满足不同需求，它包括了如 MPEG－1 至 MPEG－4 系列内容。而 MOV 则由 Apple（苹果）公司特制，其现已演变成新媒体环境下的重要标准，不仅在专业视频制作中频繁出现，更逐步融入其他数字内容创造。动态图片格式上，以 GIF 最为普遍，不论是静态或是循环展示，其在 Web 及其他在线服务中持续发光发热，由此形成了一套庞大的数字媒体交流体系，各类文件规范虽然面临技术挑战，但仍然发挥着各自独特而重要的作用。

种压缩技术通过平衡图像质量与压缩率的关系，选择最佳编码方法以实现资源利用的最大化。因此，对于不同场景和需求，综合运用有损压缩与无损压缩方法尤为关键，这既确保了图像数据传输的高效性，也维护了视觉效果的完整性。

种压缩编码方法通过对图像数据进行压缩编码处理，实现了混合编码。在图像编码标准方面，国际标准化组织（ISO）、国际电工委员会（IEC）及国际电信联盟（ITU）等多个机构，接连制定并推荐了相关的国际标准，如 ISO/IEC 关于静止图像的 JPEG 编码标准，以及 ITU 关于电视电话/会议电视的视频编码 H26x 系列标准和 ISO/IEC 发布的动态图像 MPEG 系列标准。进一步地，在新媒体技术领域，图像识别技术获得了日益广泛的应用，该技术通过特定预处理程序，对图像进行分割与特征描述提取，从而有效分类并判别各种信息。目前，包括汉字识别、手写输入、指纹识别、人脸识别及图像检索等多项技术均已在大规模范围内得到实施，这表明现代数字图像处理技术正朝向更加智能化和自动化的发展方向。

二、新媒体传输技术

（一）通信技术

新媒体传输技术的兴起源于现代通信技术与计算机网络技术的深度融合，从而形成了一个多层次、高效能的信息传递体系。在此体系中，通信网构成了由用户终端设备、传输系统及交换系统三部分相互作用的重要架构。现代通信技术追求的核心目标是依托先进的移动通信系统和网络，实现全球范围内优质服务的有效提供。因此，该技术能够确保在任何时刻、任意地点以及对任何人的信息服务能力得以有效开展。其中，典型的现代通信网络如公众电话交换网、分组交换远程网、以太网，以及光纤分布式数据接口等，无疑展现了这一领域迅速发展的重要趋势，这种升级既提升了信息传递效率，也进一步推动了全球通信基础设施的发展进程。

移动通信领域中的基本技术包括调制技术、多址方式以及组网技术等。诸多调制技术均被广泛应用于各类移动通信系统，其根据调制器输入信号的形式可以划分为模拟调制和数字调制。在实践中，最常用的数字调制方式是线性调制技术与恒定包络（连续相位）调制技术。随着行业的发展，振幅和相位联合调制技术作为一种新兴的数字调制方法也取得了显著进展。这些发展共同推动了移动通信行业的不断演变与创新。

多址方式的基本类型，如分频多址（FDMA）、码分多址（CDMA）与时分多址（TDMA），构成了移动通信的基础，而组网技术则可细分为网络结构、接口及控制与管理等多个方面。值得注意的是，现代通信技术经历了从一代到三代的显著发展，未来在这一领域仍将持续深入演进，进一步推动其应用与优化。

（二）计算机网络技术

计算机网络的基本功能不仅体现在资源共享和信息传输上，还包括均衡分配负荷及综合信息服务。随着互联网的普及和深入发展，计算机网络技术的逐步演变，对新媒体传播在效率、覆盖面和互动性等方面的重要影响力愈加明显，因此网络技术将成为推动新媒体发展的关键驱动力。

计算机网络的构成要素主要包括硬件与软件，依据网络覆盖范围的不同可分为局域网（LAN）、城域网（MAN）和广域网（WAN）。当前互联网体系结构以TCP/IP协议为核心，实现了各类通信子网及局域网的统一互联。其中，IP协议不仅构建了一个跨越多种物理环境的连接平台，而且TCP协议则提供给应用程序所需的端到端通信与控制能力。整体而言，基于TCP/IP的网络体系架构被划分为四个层次：网络接口层、网际层、传输层以及应用层。然而，当前主流的IP协议版本IPv4面临着急剧稀缺的问题，其资源已经耗尽约80%。这一现状若不得到及时处理，新接入用户将会遭遇上网障碍，同时也影响网络运营商业务的发展，下一代互联网协议IPv6应运而生，有望缓解这种日益严峻的问题，并提供更为充足和高效的网址地址资源，从而帮助互联网逐步克服复杂度和管控难题。

IP技术作为支持网络互联的TCP/IP协议，凭借其通过IP数据包和IP地址的功能，有效地屏蔽了物理网络细节，为用户提供了统一的网络服务。此外，该技术在实现不同网络系统之间的融合方面表现突出，将计算机网、有线电视网与电信网整合成统一的宽带数据网或互联网，这不仅提升了资源利用效率，更进一步推动了信息通信产业的发展。

三、新媒体信息存储技术

新媒体信息存储技术可以划分为多个主要类别，包括磁存储技术、半导体存储技术、光存储技术、存储网络技术，以及近年来崛起的云存储技术，各类技术在信息处理和管理中的功能显著。

磁存储技术主要依赖电磁效应的原理，通过将携带信息的电信号转化为相应变化规律的磁场，实现信息的长久保存。其核心在于将介质层进行磁化，形成代表信息物理标志的剩磁。在读取阶段，利用逆向电磁转换规律，将这一物理标志再度转变为电信号。同时，根据信息类型，磁存储可分为数字和模拟两种形式，其中硬盘作为数字存储中最常见的一种形式，其独立磁盘冗余阵列（RAID）则被广泛应用于处理海量数据的新媒体系统及网络服务器中。通过这样的多重存储方式，使得数据保护与恢复变得更加高效，为现代互联网环境下的数据管理提供了可靠保障。

根据半导体存储器的读写特性，可以将其归类为随机存取存储器（RAM）和只读存储器（ROM）两大类。在进一步的细分中，可包含 Flash、ROM、SRAM、EPROM、EEPROM 及 DRAM 等多种类型，其中闪存技术和可移动闪存卡是新媒体数据存储中广泛应用的解决方案，其关键特性在于能够在断电后保持文件内容的不丢失。具体而言，U 盘、SD 卡、XF 卡、C－Flash 以及 SM 等存储介质均采用了闪存芯片，以实现高效且可靠的数据保存功能。与此同时，光存储技术随着现代光学技术、激光科技及微电子和自动控制领域的发展，在记录密度、容量提升以及数据传输速率方面呈现出显著的进步潜力。在此领域内，光盘作为一种常见的光纤数据信息记录形式，其标准类型涵盖 CD - DA、CD - ROM、CD - I、CDI - ROM/XA、PhotoCD 及 VCD 与 DVD 等，而值得注意的是蓝光（Blu - ray）技术利用短波长蓝色激光进行数据的读取与写入，这一创新使得传统单面 DVD 光盘容量可增加 4—6 倍，不仅在容量上取得更优表现，同时在音像清晰度及信息完整性方面具备更强竞争力，从而显示出其在高清晰数字音像记录设备和计算机外部固态保管上的广阔应用前景。

存储网络技术是存储技术步入网络时代的重要成果，其产生受到计算机技术不断追求更经济、高效演变的推动。从早期的大型中心式系统逐渐发展为便捷的企业级服务器，计算机平台的变革深刻反映了网络技术对这一过程的影响。随着相关技术日益成熟，市场对于更快、性能卓越的存储方案需求提升，催生了特定目的优化的数据传输体系——存储网络。该体系专为服务器与存储资源之间的数据高效传输而设计，其核心在于提供优越性能。在当前领域内，SAS（串行附加 SCSI）、DAS（直接附加存储）、SAN（存储区域网络）与 NAD（网络附加设备）间界限开始趋于模糊，此变化体现出传统客户端—服务器模型向全球性连接网格转型，并呈现出无缝接续性的发展趋势。

云计算起源于分布式处理、网格计算与并行处理，首先将大型计算任务拆解为多个小型子程序，并通过网络分发到包含多台服务器的复杂系统中进行集中处理，随后将分析得出的结果高效反馈给用户，这一过程展示了其高效性的同时，也凸显出其作为现代信息技术基石的重要性。

云存储作为对云计算概念的延伸与发展，反映了信息技术的进步。该系统通过应用软件，有效地整合集群应用、分布式文件系统以及网格技术等，以协调网络中大量异构存储设备的工作，从而提供稳定、高效的数据存储及访问服务。在这一框架下，云存储本质上是以服务形式存在，而非简单的数据保存手段。使用者所体验到的并不是某一特定物理存储设备的能力，而是由多台存储设备与服务器构成的服务化整体，其核心理念即为“存储即服务”。此种模式使得用户可以无须关注底层硬件，便可实现更加灵活便捷的数据处理。因此，云存储的发展标志着信息获取方式的变革，为现代经济形态注入了新的动力。

云存储系统的结构模型由存储层、基础管理层、应用接口层和访问层四个部分组成，设计上采用紧耦合对称（TCS）架构及松弛合非对称（LCA）架构两种形式。在当前市场上，Amazon 和 Nirvanix 成为该领域的业界权威，而 IBM 则通过其云存储方案 BlueCloud（蓝云）积极参与竞争。值得注意的是，Apple 于 2011 年 5 月 31 日推出了 iCloud 云端分服务，这一举措不仅增强了用户的数据存储能力，还实现了购买音乐、电子书及应用等内容在各设备间的推送功能。通过这一功能，例如，用户能随时从 iTunes 获取之前购买的音乐，有效促进了跨设备的数据访问便利性与流畅度。因此，该系统在一定程度上体现了现代科技进步背景下，对数据访问需求的一种深刻回应。

四、新媒体终端技术

新媒体终端正向便携化、移动化、多媒体化方向发展，呈现互联网、电信网及广播电视网的“三网融合”，其中智能手机、上网本和平板电脑等移动终端引领潮流。这一变化显示，新媒体终端技术由个人计算机、数字电视以及移动终端技术相互结合构成，为用户提供了更加丰富的使用体验与方便性。

个人计算机技术自1946年起经历了电子管、真空管、集成电路及超大规模集成电路四个发展阶段。此过程不仅伴随体积不断缩小，性能显著提高，同时价格亦呈下降趋势，充分体现出科技进步与市场需求的互动关系，从而推动了计算机广泛普及的历史进程。

个人计算机的构成包括硬件、操作系统与应用程序等基本元素，为使用者提供了全面的数字操作平台。而数字电视则运用数字技术，通过对数据、活动图像及声音进行压缩、编码处理，从而实现实时的传输和存储，最终供观众接收与播放。根据信号传输方式，数字电视可划分为有线传播（即有线数字电视）、地面无线传播（地面数字电视）及卫星传播形式（卫星数字电视）；在图像清晰度上，则可区分为高清晰度格式（HDTV）、普通清晰度格式（LDTV）及标准清晰度格式（SDTV）。进一步，根据产品类型，可将其细分为单独显示器、机顶盒以及一体化接收机。同时，在针对这些信号进行有效处理时，目前所采用的主要技术手段包括压缩编码与解码，以及数据加扰和加密解密等，确保在保证信号质量和用户体验上的优化。这种分类方法不仅反映出行业的发展趋势，还为未来智能电视及广泛适用的信息通信领域奠定了理论基础。

数字电视系统的技术核心包括信源编码/解码、传送复用、信道编码/解码、调制/解调中间件、条件接收以及大屏幕显示技术，此外高速宽带网络技术同样重要。信源编码/解码中涉及视频压缩编解码和音频压缩编解码，其中视频部分国际上普遍采用MPEG-2标准，而音频方面，欧洲与日本沿用MPEG-2标准，美国则采用杜比公司的AC3方案，此各方案结合确保了数字电视系统在多元信息传播中的高效性和适应性。

第二节 大数据在新闻传播中的应用

一、数据收集与分析

（一）数据源的选择

在大数据时代，新闻传播中的数据源选择至关重要，它决定了信息的质量和报道的深度。传统媒体依赖记者实地采访和官方统计数据，而新媒体环境下，数据来源变得更加多样化和复杂化。社交媒体平台如Facebook、Twitter、微博等汇聚了全球数十亿用户的日常交流和观点表达，这些平台上发布的实时更新、照片、视频等内容往往包含了最新的社会动态和个人见解，为新闻报道提供了宝贵的第一手资料。尤其是在突发事件发生时，现场目击者的即时分享可以让记者第一时间了解事态进展，迅速作出反应。除了社交网络，政府公开资源、学术数据库、行业报告等也是重要的数据来源，它们提供了权威性和专业性的保障。开放数据平台使得记者能够获取大量原始资料，经过清洗、整理和解读后，这些数据可以转化为生动的故事，增加了报道的深度和广度。此外，物联网（IoT）设备生成的数据也为新闻业带来了新的机遇，从智能穿戴设备到智能家居系统，各种传感器记录下的行为模式、环境变化等信息都可以成为新闻素材。然而，面对如此海量且分散的数据源，如何确保其真实性和可靠性成为一个重要课题。虚假信息、不完整数据或有偏见的数据源都可能误导结论。因此，记者在选择数据源时必须保持批判性思维，验证数据的真实性和权威性，并遵循透明的编辑流程。同时，考虑隐私保护和版权问题，遵守相关法律法规，尊重个人隐私权，是每个负责任的新闻机构应尽的责任。总之，精心挑选和评估数据源不仅有助于提升新闻的专业性和科学性，更为公众提供了更加丰富、多维度的信息体验，推动着整个行业向智能化、精准化的方向发展。

（二）分析方法和技术手段

大数据分析方法和技术手段在新闻传播中的应用正在重塑新闻生产和消费的方式，通过先进的算法模型和工具，记者可以从海量数据中挖掘出有价值的信息，揭示隐藏的趋势和模式。首先，描述性统计分析是最基础的方法之一，它通过对数据集的基本特征进行总结，如平均值、标准差等，帮助理解整体情况。然而，随着技术的进步，更复杂的分析方法逐渐成为主流。例如，预测性分析利用机器学习算法，根据历史数据预测未来趋势，这在政治选举、金融市场等领域具有广泛应用；情感分析则借助自然语言处理（NLP）技术，自动识别文本中的情绪倾向，衡量公众对特定事件的态度。地理信息系统（GIS）结合人口统计数据，可以绘制详细的地图，展示不同区域的社会经济特征及其对政策的影响。此外，关联规则挖掘用于发现事物之间的潜在联系，如某些商品销售量与天气变化的关系，这种洞察力对于商业新闻尤为重要。为了应对非结构化数据的挑战，图像识别、音频分析等多媒体处理技术也得到了快速发展，使机器能够理解和解释图片、视频内容。值得注意的是，数据分析不仅是技术问题，还需要结合领域知识和人类智慧。记者和数据科学家的合作变得越来越普遍，双方共同探讨数据背后的含义，确保结果的准确性和合理性。同时，可视化工具的应用让抽象的数据变得直观易懂，图表、地图等形式增强了信息传递的效果。最后，随着云计算平台的兴起，分布式计算能力大大提高了数据处理的速度和效率，降低了成本。综上所述，多样化的分析方法和技术手段为新闻传播注入了新的活力，它不仅提升了新闻的专业性和科学性，还为公众提供了更加丰富、多维度的信息体验，推动着整个行业朝着更加智能化、精准化的方向发展。

（三）用户行为数据的重要性

用户行为数据在新媒体新闻传播中扮演着不可或缺的角色，它不仅是了解受众需求的重要窗口，也为个性化服务和精准营销提供了坚实的基础。通过对用户浏览历史、点击记录、评论互动等行为的追踪分析，新闻机构可以获得关于读者兴趣偏好、阅读习惯以及参与程度的深刻洞察。这些信息不仅有助于优化内容推荐系统，提高用户满意度，还可以指导编辑团队调整选题方向，确保每一篇报道都能引起共鸣。例如，当某类题材频繁受到好评时，说明该领域存在较大的市场需求，可以加大投入力度，深化挖掘；反之，若某些类型的文章屡遭诟病，则需反思选题是否合适、表达是否清晰等问题，并作出相应调整。更重要的是，用户行为数据揭示了个体与群体之间的差异，为实现个性化定制创造了条件。基于大数据分析的结果，新闻平台可以为每位用户提供量身定做的信息流，推送最符合其兴趣的内容，从而增强黏性和忠诚度。不仅如此，实时监测用户反馈还能及时捕捉到舆论的变化趋势，提前布局热点话题，抢占先机。与此同时，社交网络上的转发、点赞等互动行为反映了信息的传播路径和社会影响力，这对于评估新闻效果至关重要。值得注意的是，用户行为数据的价值不仅仅体现在内容层面，它还为广告投放提供了精准定位的可能性。通过分析用户的地理位置、年龄性别、职业收入等属性，广告商可以选择最适合的目标群体，提高转化率。然而，随着隐私保护意识的增强，如何合法合规地收集和使用用户数据成为一个亟待解决的问题。新闻机构必须严格遵守相关法律法规，建立健全的数据管理制度，确保信息安全和个人隐私不受侵犯。总之，用户行为数据的重要性在于它连接了新闻生产者和消费者，促进了双向交流和共同成长，既满足了个性化需求，又推动了行业的创新发展。

二、个性化推荐系统

（一）推荐算法的工作原理

个性化推荐系统的核心在于推荐算法，它通过分析用户行为数据和内容特征来预测用户的兴趣偏好，并据此提供定制化的内容建议。常见的推荐算法包括协同过滤、基于内容的推荐和混合模型等。协同过滤方法分为基于用户的和基于物品的两种类型，前者通过寻找与目标用户具有相似行为模式的其他用户，推荐他们喜欢但目标用户尚未接触过的内容；后者则根据用户对某些物品（如文章或视频）的评价，推荐具有类似属性的其他物品。基于内容的推荐侧重于分析内容本身的特征，如关键词、主题标签等，将这些特征与用户的浏览历史进行匹配，从而推荐相关性较高的内容。混合模型则是结合了上述两种方法的优势，综合考虑用户行为和内容属性，提高了推荐的准确性和多样性。随着机器学习和深度学习技术的发展，神经网络被广泛应用于推荐系统中，例如矩阵分解技术可以有效处理稀疏数据问题，而卷积神经网络（CNN）和循环神经网络（RNN）则擅长捕捉文本和时间序列数据中的复杂模式。此外，强化学习也被引入推荐算法，通过不断试错优化策略，实现更精准的个性化推荐。为了提高推荐系统的效率和响应速度，分布式计算框架如Hadoop、Spark等提供了强大的支持，使得大规模数据处理成为可能。同时，实时推荐引擎能够根据用户的即时操作动态调整推荐结果，确保信息的新鲜度和相关性。值得注意的是，推荐算法的成功不仅依赖先进的技术手段，还需要丰富的数据源作为支撑，新闻机构应积极整合多渠道的数据资源，提升数据的质量和覆盖范围。最后，透明度和可解释性也是衡量推荐算法好坏的重要标准之一，让用户了解为什么收到特定推荐，有助于建立信任关系，促进长期使用。总之，推荐算法的工作原理是一个集成了多种技术和方法的复杂过程，它不仅提升了用户体验，还为新闻传播注入了新的活力和发展动力。

（二）个性化推荐对新闻多样性和质量的影响

个性化推荐系统在提升用户体验的同时，也对新闻的多样性和质量产生了深远影响。一方面，它极大地增强了内容的相关性和针对性，使得每个用户都能接收到最符合自己兴趣的信息，减少了信息过载带来的困扰。通过精准推送，用户更容易发现那些原本可能忽略的小众话题或新兴领域，促进了多元声音的传播。另一方面，个性化推荐也可能导致“信息茧房”现象，即用户只接触到与其既有观点一致的内容，限制了视野的开阔。为了避免这种情况，新闻机构需要在个性化和多样化之间找到平衡点，既满足用户需求，又保证报道的广度和深度。为此，编辑团队可以定期策划专题报道，涵盖不同领域的热点问题和社会议题，引导用户关注更多元化的信息。同时，鼓励用户探索未知领域，提供随机推荐或热门榜单等功能，打破固有的阅读习惯。在质量方面，个性化推荐有助于筛选出高质量的内容，因为高评分、高互动率的文章往往反映了读者的认可程度。然而，过度依赖算法可能导致低俗、煽情等内容获得更多曝光机会，损害新闻的专业性和权威性。因此，新闻机构必须加强人工审核机制，确保推荐内容符合道德规范和编辑标准。此外，利用数据分析工具评估推荐效果，持续优化算法参数，不断提高推荐的准确性和合理性。综上所述，个性化推荐对新闻多样性和质量的影响是双刃剑，既带来了机遇也提出了挑战，关键在于如何合理运用这一工具，在满足个性化需求的同时维护新闻业的核心价值。

（三）防止“信息茧房”的策略

防止“信息茧房”的形成是保障新闻传播健康发展的关键任务之一，面对个性化推荐系统可能带来的局限性，新闻机构和平台采取了一系列策略以确保信息的多样性和开放性。首先，算法设计层面可以通过引入多样性因子，调整推荐逻辑，避免用户仅接触到单一视角的内容。例如，在推荐列表中加入随机元素或来自不同类别的精选文章，鼓励用户尝试新领域。其次，增强用户的自主选择权，提供设置选项，让用户可以根据自己的兴趣调整推荐偏好，甚至手动添加感兴趣的主题标签，扩大信息来源。社交网络上的转发、评论等互动行为也能起到一定的作用，它们为用户带来了额外的曝光机会，使不同观点得以交流碰撞。新闻机构还可以通过策划跨学科、跨文化的专题报道，引导公众关注全球性问题和地区差异，拓宽视野。此外，建立社区讨论区，邀请专家和意见领袖参与对话，营造一个开放包容的舆论环境，促进理性思考和批判性思维的培养。对于个体而言，保持好奇心和求知欲同样重要，主动搜索并阅读不同类型的文章，跳出舒适区，接受多元信息的洗礼。平台方面，应当建立健全的内容审核机制，防止虚假信息和极端言论的扩散，维护健康的网络生态。最后，教育和培训也不可忽视，提高公众的数字素养和媒介批判能力，让他们学会辨别真伪，独立思考，不盲目跟风。总之，防止“信息茧房”的策略是一个多方协作的过程，它不仅依赖技术的进步，更需要全社会共同努力，共同营造开放、多元、理性的信息环境，让每个人都能在这个时代获得全面而深入的理解。

三、内容生成与优化

（一）利用大数据进行内容创作

在新媒体环境中，大数据为内容创作提供了前所未有的机遇，通过分析海量数据，记者和编辑可以获得关于社会趋势、公众兴趣以及潜在话题的深刻洞察。大数据平台能够整合来自社交媒体、搜索引擎、新闻网站等多个渠道的信息，帮助新闻机构识别热点话题和新兴领域，从而提前布局报道计划。例如，借助关键词搜索频率的变化可以预测即将到来的社会关注点，及时推出相关专题；通过情感分析工具了解公众对特定事件的态度倾向，调整报道角度以引发共鸣。此外，用户行为数据揭示了不同群体的兴趣偏好，使得个性化内容创作成为可能。新闻组织可以根据用户的浏览历史、地理位置、年龄性别等因素定制信息流，提供更加精准的服务。不仅如此，大数据还促进了多媒体内容的创作，如视频脚本、图表设计等，通过对不同类型媒体的表现效果进行评估，选择最适合的形式传递信息。值得注意的是，数据驱动的内容创作不仅仅是技术问题，还需要结合领域知识和人类智慧。记者和数据科学家的合作变得越来越普遍，双方共同探讨数据背后的含义，确保结果的准确性和合理性。同时，随着人工智能技术的发展，自然语言处理（NLP）、机器学习等方法被广泛应用于自动化写作中，从简单的新闻摘要生成到复杂的长篇报道，AI 助手能够辅助记者完成初稿撰写，提高工作效率。最后，利用大数据进行内容创作不仅提升了新闻的专业性和科学性，更为公众提供了更加丰富、多维度的信息体验，推动着整个行业朝着更加智能化、精准化的方向发展。

（二）基于数据分析的内容优化

基于数据分析的内容优化是提升新闻质量和传播效果的重要手段，它通过持续监测和评估用户反馈，不断调整和完善报道策略。首先，实时数据可以帮助新闻机构迅速捕捉到舆论的变化趋势，提前布局热点话题，抢占先机。通过分析文章的点击率、阅读时长、评论数量等指标，编辑团队可以判断哪些内容更受欢迎，并据此调整选题方向，确保每一篇报道都能引起共鸣。其次，用户行为数据揭示了个体与群体之间的差异，为实现个性化服务创造了条件。基于大数据分析的结果，新闻平台可以为每位用户提供量身定做的信息流，推送最符合其兴趣的内容，从而增强黏性和忠诚度。不仅如此，数据分析还能发现内容中的不足之处，如事实错误、表述不清、角度单一等问题，并及时作出修正。社交网络上的转发、点赞等互动行为反映了信息的传播路径和社会影响力，这对于评估新闻效果至关重要。为了进一步优化内容，新闻机构还可以开展 A/B 测试，比较不同标题、图片或排版风格的效果，找出最能引起共鸣的形式。此外，利用用户生成内容（UGC），如读者评论、投稿等，不仅可以丰富报道素材，还能促进双向交流，形成良性互动。最后，透明度和可解释性也是衡量内容优化好坏的重要标准之一，让用户了解为什么收到特定推荐，有助于建立信任关系，促进长期使用。总之，基于数据分析的内容优化不仅是提升用户体验的关键，也为新闻业注入了新的活力和发展动力，它既满足了个性化需求，又维护了新闻的核心价值。

（三）大数据驱动下的新闻编辑流程变革

大数据驱动下的新闻编辑流程正在经历深刻的变革，这种变化不仅体现在技术层面，更带来了工作方式和思维模式的转型。传统编辑流程依赖记者的经验判断和有限的数据支持，而在大数据时代，每一个决策都可以基于翔实的数据分析，从选题策划到最终发布，每个环节都变得更加科学和高效。首先，在选题阶段，大数据平台能够整合来自多个渠道的信息，帮助编辑团队快速锁定热点话题和潜在议题，提前规划报道重点。通过对社交媒体、搜索引擎等平台上关键词的监测，可以预测公众的关注焦点，确保报道具有时效性和针对性。其次，在内容制作过程中，记者可以通过数据挖掘工具获取丰富的背景资料和案例研究，使报道更加深入全面。多媒体元素的应用也需要根据用户喜好灵活变化，如适当增加视频比例、优化音频质量等。与此同时，数据分析为编辑提供了宝贵的改进建议，通过实时跟踪文章的访问量、分享次数、评论互动等指标，可以及时发现存在的问题并作出调整。不仅如此，大数据还改变了新闻发布后的反馈机制，用户的行为数据成为评价内容效果的重要依据，这促使编辑更加重视读者的需求和意见。为了适应这些变化，新闻机构需要引入先进的技术和工具，如自动化写作软件、可视化编辑器等，提升工作效率。同时，培养跨学科人才，让记者和技术人员紧密合作，共同探索数据的价值。最后，随着隐私保护意识的增强，如何合法合规地收集和使用用户数据成为一个亟待解决的问题。新闻机构必须严格遵守相关法律法规，建立健全的数据管理制度，确保信息安全和个人隐私不受侵犯。总之，大数据驱动下的新闻编辑流程变革是一个多方协作的过程，它不仅提升了新闻的专业性和科学性，还为公众提供了更加丰富、多维度的信息体验，推动着整个行业朝着更加智能化、精准化的方向发展。

第三节　人工智能在新闻传播中的应用

一、自动化新闻写作

（一）AI 写作机器人的工作原理

AI 写作机器人通过自然语言处理（NLP）、机器学习和深度学习等先进技术，能够自动生成新闻报道和其他文本内容。其核心在于算法模型，这些模型经过大量语料库的训练，具备了理解和生成人类语言的能力。首先，机器人会从各种数据源收集信息，如官方统计数据、社交媒体帖子、实时新闻更新等，并对这些信息进行预处理，提取关键要素如事件、时间、地点、人物等。然后，利用模板匹配或序列到序列（Seq2Seq）模型将提取的数据转化为结构化的句子和段落，确保语法正确且逻辑连贯。对于更复杂的任务，如撰写分析性文章或评论，AI 可能会采用预训练的语言模型，如 GPT 系列或 BERT，它们基于大规模文本数据进行了广泛的学习，可以生成具有较高可读性和准确性的内容。此外，为了提高生成文本的相关性和针对性，AI 写作机器人还会结合特定领域的知识图谱，理解上下文背景，选择最合适的表达方式。在实际应用中，编辑团队通常会对自动生成的内容进行审核和润色，以保证最终发布的质量。值得注意的是，AI写作不仅限于文字创作，还可以扩展到多媒体领域，如自动生成视频脚本或图像说明。随着技术的进步，AI写作机器人的性能也在不断提升，应用场景也日益广泛，从体育赛事报道到财经新闻分析，再到突发新闻速报，它们正在逐渐改变新闻生产的方式。

（二）AI写作的优势与局限性

AI写作在新闻传播中的应用带来了诸多优势，同时也存在一定的局限性。一方面，AI写作极大地提高了新闻生产的效率，特别是在处理大量重复性任务时表现出色。它可以迅速整合来自多个数据源的信息，生成简洁明了的新闻摘要或初步报道，减少了记者手动整理资料的时间成本。这种即时响应能力使得AI特别适合用于突发事件报道，能够在第一时间发布最新消息，满足公众对时效性的需求。此外，AI写作还具有高度的可扩展性，不受时间和空间限制，可以根据需要随时启动多篇稿件的创作过程。另一方面，AI写作也有其局限性。尽管它可以在短时间内生成大量内容，但在深度和创意方面仍有不足。复杂的社会问题、人文关怀以及情感表达等内容难以仅靠算法来完成，仍须依赖人类记者的专业判断和个人经验。此外，AI生成的文本可能存在事实性错误或表述不清的情况，尤其是在缺乏足够高质量数据的情况下。因此，人工审核仍然是必不可少的一环，确保内容的真实性和准确性。最后，隐私保护和版权问题是AI写作面临的另一挑战，如何合法合规地使用数据成为一个亟待解决的问题。总之，AI写作虽然为新闻行业注入了新的活力，但要实现全面替代传统新闻工作者的目标还有很长的路要走，未来的发展方向应是人机协作，共同提升新闻的质量和影响力。

（三）AI 写作对传统新闻工作者的影响

AI 写作的兴起给传统新闻工作者带来了前所未有的挑战和机遇，改变了新闻生产的方式和职业角色。一方面，AI 写作工具显著提升了工作效率，减轻了记者在日常工作中处理大量重复性任务的压力，使他们能够专注于更具创造性和价值的工作。例如，在体育赛事报道中，AI 可以快速生成比赛结果和统计数据，而记者则可以集中精力进行现场采访、深度分析和独家评论。这种分工合作不仅提高了整体生产力，还为读者提供了更加丰富的内容体验。另一方面，AI 写作也可能导致部分低技能岗位的消失，特别是那些主要从事基础数据整理和简单稿件撰写的工作人员。然而，这并不意味着新闻工作者的职业前景黯淡无光，相反，它促使从业者不断学习新技能，适应行业发展变化。掌握数据分析、编程语言等相关知识，成为“复合型”人才，将是未来新闻工作者的重要发展方向。此外，AI 写作强调了人类记者的独特价值，如批判性思维、情感共鸣和社会责任感，这些都是目前技术无法完全替代的。记者可以通过讲述有温度的故事、挖掘深层次的问题，展现新闻背后的人文关怀，从而赢得公众的信任和支持。最后，随着 AI 技术的不断发展，新闻机构也在积极探索新的业务模式和服务形态，如个性化推荐系统、虚拟现实新闻体验等，为用户提供更加多样化、沉浸式的阅读感受。总之，AI 写作对传统新闻工作者的影响是一把双刃剑，既带来了变革的压力，也提供了转型的机会，关键在于如何把握时代脉搏，积极应对挑战，共同推动新闻业的创新发展。

二、智能语音助手

（一）智能语音助手在新闻播报中的应用

智能语音助手在新闻播报中的应用正逐渐改变人们获取信息的方式，通过自然语言处理（NLP）和语音合成技术，这些设备能够以拟人化的口吻传递最新资讯。用户只需简单说出指令，如“播放今日头条”或“告诉我最近的科技新闻”，智能语音助手即可迅速响应，从预设的数据源中提取并朗读相关内容。这种便捷性尤其适合忙碌的生活方式，让人们可以在做家务、开车或锻炼时随时了解世界动态。不仅如此，智能语音助手还可以根据用户的偏好定制化播报内容，如优先推送特定领域的新闻或按照个人兴趣筛选信息。对于视力受限或不便于阅读的人来说，语音播报提供了一种无障碍的信息获取途径，增强了新闻传播的包容性和普及性。此外，语音助手还可以结合多媒体元素，如背景音乐或音效，营造更加生动的听觉体验。同时，它还支持多语言服务，满足不同文化背景用户的需求。值得注意的是，智能语音助手背后的技术不断进步，语音识别准确率和语义理解能力持续提升，使得交互过程更加流畅自然。随着5G网络的普及，数据传输速度加快，进一步保障了实时更新的速度和稳定性。然而，为了确保播报内容的质量和准确性，新闻机构需要与语音助手提供商紧密合作，建立严格的内容审核机制，防止虚假信息或不当言论的传播。总之，智能语音助手在新闻播报中的应用不仅提升了用户体验，还为新闻传播注入了新的活力和发展动力，它既满足了个性化需求，又维护了新闻的专业性和权威性。

（二）用户交互体验的提升

智能语音助手显著提升了用户在新闻消费过程中的交互体验，通过人性化的对话界面和智能化的功能设计，使信息获取变得更加直观和便捷。首先，语音助手突破了传统屏幕输入的限制，用户无须手动打字或点击按钮，仅需口头命令即可完成操作，极大地提高了效率。例如，在早晨准备早餐时，用户可以轻松询问当天的重要新闻，而不会被打断日常活动。其次，智能语音助手具备强大的语义理解和上下文感知能力，能够根据用户的提问进行多轮对话，逐步深入探讨话题。如果用户对某个事件感兴趣，可以通过追问获得更多细节，或者要求切换到相关联的主题。这种互动式交流不仅增强了参与感，还能帮助用户更好地理解复杂问题。此外，语音助手可以根据用户的使用习惯和历史记录，主动推荐可能感兴趣的新闻内容，实现个性化的信息推送。例如，当检测到用户经常关注科技领域时，系统会在适当时候提醒有关新产品发布或行业趋势的消息。不仅如此，智能语音助手还支持多种功能集成，如设置提醒、查询天气等，为用户提供一站式服务。最后，随着人工智能技术的发展，语音助手的学习能力和适应性不断增强，能够根据反馈持续优化表现，提供更加精准的服务。总之，智能语音助手通过创新的交互模式，不仅简化了新闻获取的过程，还为用户带来了全新的信息消费体验，促进了更深层次的思考和讨论，推动着整个行业朝着更加智能化、人性化的方向发展。

（三）智能语音助手带来的隐私问题

智能语音助手虽然为新闻传播带来了诸多便利，但也引发了关于用户隐私保护的担忧。首先，语音助手通常需要长时间监听环境声音以捕捉唤醒词，这意味着设备可能会无意中录制敏感对话或私人信息。即使是在待机状态下，一些设备也可能因误触发而开始录音，这些数据一旦被不当存储或泄露，将严重侵犯用户的隐私权。其次，为了提供个性化服务，语音助手需要收集大量用户行为数据，包括但不限于搜索历史、地理位置、兴趣爱好等。这些数据构成了用户画像的基础，但同时也存在被滥用的风险。如果管理不善或安全措施不到位，可能导致个人信息被第三方获取，用于广告投放或其他商业目的。此外，语音助手背后的算法模型往往依赖云端服务器进行复杂的计算和分析，这就涉及数据传输的安全性问题。尽管大多数公司声称采取了加密技术，但在实际操作中仍可能存在漏洞，给黑客攻击留下可乘之机。为了应对这些问题，新闻机构和科技公司必须建立健全的数据管理制度，遵循严格的法律法规，确保数据采集、处理和使用的合法性。同时，提高透明度，向用户清晰说明数据用途，并给予充分的选择权，允许他们决定哪些信息可以分享，哪些信息应该保密。最后，加强技术研发，开发本地化处理方案，减少数据外泄的可能性。总之，智能语音助手带来的隐私问题是不容忽视的挑战，需要社会各界共同努力，平衡技术创新与隐私保护之间的关系，共同营造一个安全可靠的信息环境。

三、图像识别与视频分析

（一）图像识别技术在新闻验证中的使用

图像识别技术在新闻验证中的应用为确保信息的真实性和准确性提供了强有力的支持，通过先进的计算机视觉算法和深度学习模型，可以快速分析图片内容并验证其来源和真实性。首先，图像识别系统能够检测照片是否经过篡改或合成，利用特征提取和比对技术判断是否存在伪造痕迹。例如，在政治人物或重大事件报道中，防止虚假图片误导公众尤为重要。其次，地理定位功能可以帮助确定照片拍摄地点，结合时间戳等元数据，验证事件发生的时空背景。这对于核实突发事件的真实性非常关键，如自然灾害或社会抗议活动的报道。此外，人脸识别技术可以识别出照片中的人物身份，辅助确认新闻主角的真实性。当涉及名人或重要人物时，这项功能有助于避免误报或恶意抹黑。不仅如此，物体识别和场景分类功能还可以进一步丰富图片的语义信息，提供更全面的理解。例如，在体育赛事报道中，自动识别运动员的动作姿态或比赛场地，增强了报道的专业性和权威性。值得注意的是，随着社交媒体成为重要的信息传播渠道，用户生成内容（UGC）的数量急剧增加，图像识别技术在过滤低质量或不适当的内容方面发挥了重要作用。它可以通过关键词过滤和敏感度设置，阻止不当言论或违法信息的扩散。最后，为了提高图像识别的准确性和效率，新闻机构和技术公司不断优化算法模型，扩大训练数据集，并引入多模态融合方法，将文本、音频等多种信息源结合起来进行综合判断。总之，图像识别技术在新闻验证中的使用不仅提升了新闻的真实性和可靠性，还为公众提供了更加透明、可信的信息环境，推动着整个行业朝着更加智能化、科学化的方向发展。

（二）视频内容自动化分析与标签生成

视频内容自动化分析与标签生成是提升新媒体时代新闻生产和传播效率的关键技术之一，借助先进的计算机视觉和自然语言处理（NLP）技术，可以实现对视频素材的智能解析和精准标注。首先，视频分析系统能够自动提取视频中的关键帧，识别其中的物体、人物、场景等元素，并生成相应的描述性标签。例如，在体育赛事直播中，系统可以实时捕捉进球瞬间、球员动作等精彩片段，为观众提供即时回放和解说服务。其次，语音识别和情感分析技术可以转录视频中的对话内容，识别说话者的情绪倾向，帮助理解视频传达的情感色彩。这在新闻报道中尤为重要，因为它能揭示事件背后的社会情绪和公众态度。此外，基于深度学习的语义分割和目标跟踪算法可以对复杂场景进行细致解读，区分不同对象之间的关系，如交通事故现场的车辆碰撞情况或人群聚集行为。这种高精度的分析能力使得视频内容更加易于检索和管理，提高了编辑的工作效率。不仅如此，自动化标签生成还支持多维度分类，包括但不限于主题标签、地理位置、时间戳等，方便用户根据个人兴趣筛选感兴趣的内容。同时，标签系统可以根据用户的浏览历史和偏好进行个性化推荐，增强用户体验。值得注意的是，随着5G网络和边缘计算的发展，视频分析的速度和响应时间得到了显著提升，实现了近乎实时的数据处理。为了保证标签的准确性和一致性，新闻机构和技术公司不断优化算法模型，扩大训练数据集，并引入人工审核机制，确保最终发布的标签符合编辑标准。总之，视频内容自动化分析与标签生成不仅简化了新闻制作流程，更为用户提供了一个更加便捷、个性化的信息获取途径，促进了新闻行业的创新发展。

（三）提升新闻真实性的技术保障

提升新闻真实性的技术保障是新媒体环境中不可或缺的一环，面对信息爆炸和假新闻泛滥的问题，多种先进技术的应用为确保新闻报道的准确性和可信度提供了坚实的基础。首先，区块链技术以其不可篡改和去中心化的特点，为新闻内容的版权保护和真实性验证提供了新思路。每一篇报道都可以被打上时间戳，并记录到分布式账本中，确保信息来源可追溯，防止未经授权的修改或盗用。其次，图像和视频识别技术通过检测媒体文件的原始属性和数字水印，验证其完整性和真实性。这些技术能够识别图片是否经过 PS 处理，视频是否有剪辑痕迹，从而避免虚假信息的传播。此外，事实核查平台利用自然语言处理（NLP）和机器学习算法，自动对比新闻内容与权威数据库中的信息，快速找出不一致之处，标记潜在的错误或误导性陈述。对于复杂的事实核查任务，还可以结合人类专家的知识和经验，确保核查结果的准确性。社交网络上的谣言监测系统则通过对大量帖子和评论进行情感分析和话题聚类，及时发现异常趋势，提醒编辑团队关注并采取措施。值得注意的是，为了应对隐私保护和数据安全问题，新闻机构和技术公司必须严格遵守相关法律法规，确保用户信息安全和个人隐私不受侵犯。最后，随着人工智能和大数据技术的不断发展，新闻机构也在积极探索新的业务模式和服务形态，如个性化推荐系统、虚拟现实新闻体验等，为用户提供更加多样化、沉浸式的阅读感受。总之，提升新闻真实性的技术保障既维护了公众利益，也促进了新闻行业的健康发展，它既是对社会责任的承诺，也是赢得受众信任的关键所在。

第四节　虚拟现实在新闻传播中的应用

一、VR 新闻的概念与发展

（一）VR 新闻的定义及发展历史

VR 新闻，即虚拟现实新闻，是一种利用虚拟现实（Virtual Reality，VR）技术为用户提供沉浸式新闻体验的新形式。通过佩戴VR头显或使用移动设备上的VR应用，用户可以身临其境地“进入”新闻场景中，仿佛置身于事件现场，获得前所未有的真实感和参与感。这种报道方式不仅限于视觉呈现，还可以结合音频、触觉反馈等多种感官刺激，使观众更加全面地理解新闻内容。VR新闻的发展始于21世纪初，随着计算机图形学和硬件技术的进步，尤其是2012年Oculus Rift首次亮相后，引发了业界对VR潜力的关注。随后几年间，各大新闻机构开始探索这一新兴领域，如《纽约时报》推出了专门的VR应用程序NYT VR，发布了一系列高质量的沉浸式报道。2015年被认为是VR新闻元年，许多媒体公司纷纷加入这一潮流，尝试将VR应用于不同类型的新闻报道中，从战争冲突到自然灾害，再到文化艺术展览等。尽管初期作品多以短片为主，但随着时间推移，叙事技巧和技术手段逐渐成熟，VR新闻的内容形式也日益丰富多样。值得注意的是，VR新闻并非简单地将传统视频转换成360度全景模式，而是需要重新思考如何构建空间、安排镜头语言以及引导观众注意力。此外，制作成本和技术门槛较高，限制了其广泛应用。然而，随着硬件价格下降和软件工具的普及，未来VR新闻有望成为主流新闻传播的重要组成部分，为公众提供更加生动、直观的信息获取方式。

（二）VR技术对新闻叙事方式的革新

VR技术对新闻叙事方式带来了革命性的变革，它突破了传统线性叙事的局限，提供了全新的交互式和沉浸式体验。首先，VR新闻允许用户自由探索新闻场景，不再受限于固定的视角和时间顺序。例如，在报道灾难现场时，观众可以选择不同的观察点，深入了解受灾情况；在历史文化遗址的介绍中，用户可以像考古学家一样穿梭于古代建筑之间，感受时空交错的魅力。其次，VR 技术增强了情感共鸣，通过逼真的音效、光影变化等手段营造出强烈的情绪氛围，使观众更容易产生代入感。比如，在讲述社会问题或人权议题时，沉浸式的环境能够让人们更深刻地体会到当事人的处境和感受。此外，VR 新闻支持多维度的信息传递，除视觉和听觉外，还可以引入触觉甚至嗅觉元素，全方位展示新闻故事。例如，在食品加工行业的调查报道中，用户不仅可以观看生产过程，还能“闻到”工厂内的气味，增加信息的真实性和可信度。不仅如此，VR 技术还改变了新闻编辑的方式，传统的剪辑手法在这里变得不再适用，取而代之的是基于空间布局和交互设计的全新逻辑。编辑团队需要考虑如何引导用户的视线，设置合理的导航路径，并确保每个细节都能服务于整体叙事。最后，随着社交网络和多人在线平台的发展，VR 新闻也开始融入社交元素，允许多名用户同时进入同一场景进行互动交流，形成一个虚拟社区。总之，VR 技术对新闻叙事方式的革新不仅提升了用户体验，还为新闻创作注入了新的活力和发展动力，它既满足了个性化需求，又维护了新闻的核心价值。

（三）VR 新闻面临的挑战

尽管 VR 新闻具有诸多优势，但在实际应用中仍面临不少挑战，这些障碍限制了其大规模推广和普及。首先是高昂的制作成本和技术门槛，相比传统新闻报道，VR 新闻的制作过程更为复杂，涉及 3D 建模、动画渲染、音效设计等多个专业领域，要求较高的硬件配置和软件支持。这使得许多中小型新闻机构难以承受相关费用，限制了内容生产的规模和频率。其次是用户体验的问题，虽然 VR 技术能够提供沉浸式的视觉效果，但长时间佩戴 VR 设备可能导致眩晕、疲劳等问题，影响用户的舒适度。此外，目前市场上

VR设备种类繁多，标准不统一，导致兼容性和互通性较差，增加了开发难度。再次是内容质量方面，由于缺乏成熟的叙事框架和编辑规范，部分VR新闻作品存在结构松散、重点不突出等问题，难以有效传达核心信息。为了提高内容的专业性和吸引力，新闻从业者需要不断学习新技术，掌握新的创作方法。隐私保护也是一个不可忽视的问题，VR新闻往往涉及大量个人数据采集，如地理位置、面部表情等，如果管理不当，容易引发用户反感甚至法律纠纷。因此，建立健全的数据管理制度，遵循严格的法律法规，确保信息安全和个人隐私不受侵犯至关重要。最后，VR新闻的社会接受度还有待提高，公众对于这种新型报道形式的认知和信任程度尚需时间培养。新闻机构应加强宣传推广，开展线下体验活动，让更多人了解并认可VR新闻的价值。总之，VR新闻面临的挑战需要社会各界共同努力，通过技术创新、制度建设和市场培育等多种途径逐步克服，共同推动这一领域的健康发展。

二、VR新闻的用户体验

（一）用户参与感的增强

VR新闻显著增强了用户的参与感，通过沉浸式的互动体验让用户从被动的信息接收者转变为主动的参与者。传统新闻报道通常以线性方式呈现，观众只能跟随记者的脚步了解事件发展，而在VR环境中，用户可以自由探索新闻场景，选择不同的视角和路径，仿佛置身于事件现场。例如，在战争冲突报道中，用户不仅可以观看前线士兵的生活，还可以深入战壕，感受炮火连天的紧张氛围；在历史文化遗址的介绍中，用户能够像考古学家一样穿梭于古代建筑之间，亲手触摸历史遗迹，这种身临其境的感觉极大地提升了用户的代入感。此外，VR 新闻支持多感官交互，如触觉反馈装置可以让用户“触摸”虚拟物体，模拟真实触感，进一步加深了参与度。不仅如此，一些 VR 应用还引入了社交元素，允许多名用户同时进入同一场景进行交流互动，形成一个虚拟社区。用户可以在其中分享观点、讨论问题，甚至共同完成任务，这种社交互动既增加了乐趣，也促进了信息的传播和理解。为了确保最佳的用户体验，开发者需要精心设计场景布局和交互逻辑，考虑如何吸引用户的注意力，设置合理的导航路径，并提供必要的提示和帮助。总之，VR 新闻通过增强用户的参与感，既改变了新闻消费的方式，也为公众提供了更加丰富、生动的信息获取途径，推动着整个行业朝着更加智能化、人性化的方向发展。它打破了传统媒体的局限，为用户提供了一个全新的视角来观察世界，激发了更多的思考和讨论。

（二）情感共鸣与沉浸式体验

VR 新闻通过高度逼真的沉浸式体验和情感共鸣，深刻影响了用户的感知和情感反应。首先，VR 技术利用 3D 建模、高清图像和环绕音效等手段，营造出强烈的视觉冲击力和听觉效果，使用户仿佛置身于事件发生的第一现场。例如，在灾难报道中，用户可以感受到地震后的废墟景象，听到呼喊声和救援设备的轰鸣，这种身临其境的体验让人们对受灾群众的困境有了更直观的认识，从而产生深切的同情和共鸣。其次，VR 新闻能够捕捉并传达细微的情感变化，如人物的表情、动作和语气等，使得故事更具感染力。当讲述社会问题或人权议题时，沉浸式的环境能够让观众更深刻地体会到当事人的处境和感受，激发内心的正义感和社会责任感。此外，VR 技术还支持多维度的信息传递，除视觉和听觉外，还可以引入触觉甚至嗅觉元素，全方位展示新闻故事。例如，在食品加工行业的调查报道中，用户不仅可以观看生产过程，还能“闻到”工厂内的气味，增加信息的真实性和可信度。这种全方位的感官刺激不仅增强了情感共鸣，也让用户对新闻内容的记忆更加深刻。最后，VR新闻的沉浸式体验有助于打破信息茧房现象，鼓励用户接触不同领域和背景的故事，拓宽视野，促进跨文化的理解和交流。总之，VR新闻通过情感共鸣与沉浸式体验，不仅提升了新闻的专业性和影响力，还为公众提供了一种全新的信息消费方式，推动着整个行业朝着更加多元化、人性化的方向发展。

（三）VR新闻对用户认知的影响

VR新闻对用户认知产生了深远的影响，通过提供沉浸式和互动式的体验，改变了人们获取和处理信息的方式，进而影响了他们的思维模式和决策过程。首先，VR新闻打破了传统的信息传递方式，不再局限于文字和二维图像，而是通过三维空间和多感官刺激，让用户更加全面地理解复杂的社会现象。例如，在环境保护报道中，用户可以通过VR技术亲身体验森林被砍伐导致的生态破坏，感受到气候变化对极地冰川融化的影响，这种直观的感受比单纯的数字和图片更能引发深思，促使人们关注可持续发展的重要性。其次，VR新闻增强了信息的真实性和可信度，减少了误解和偏见的可能性。由于用户可以直接参与事件，亲眼目睹事实的发生，避免了因信息不对称或误导性报道而产生的认知偏差。尤其是在国际新闻报道中，VR技术可以帮助跨越语言和文化的障碍，让人们更好地理解其他国家和地区的情况，增进全球公民意识。此外，VR新闻还促进了批判性思维的发展，用户在自由探索的过程中，会不自觉地质疑现有信息，寻找更多证据来验证自己的判断。

这种主动学习的态度有助于培养独立思考的能力，提高解决问题的效率。值得注意的是，VR 新闻的沉浸式体验也可能带来一定的负面影响，如过度依赖虚拟环境，忽视现实生活中的实际问题。因此，新闻机构和技术公司需要合理引导用户正确看待 VR 新闻的价值，保持平衡的认知态度。最后，随着 VR 技术的不断发展，未来可能会出现更多创新的应用形式，如虚拟现实直播、多人在线协作等，这些都将为用户认知带来新的变革。总之，VR 新闻对用户认知的影响是一把双刃剑，既带来了机遇也提出了挑战，关键在于如何充分利用这一工具，提升公众的信息素养和判断能力，共同构建一个更加开放、理性的社会环境。

三、VR 新闻的制作与分发

（一）VR 新闻生产的特殊要求

VR 新闻生产的特殊要求使得其制作过程相较于传统新闻更为复杂和具有挑战性，涵盖了从内容策划到技术实现的多个方面。首先，场景构建是 VR 新闻的核心环节之一，它需要高度精确的 3D 建模和环境渲染，以确保用户能够获得逼真的沉浸体验。这不仅涉及对实际场景的精细复制，还包括虚拟元素的设计，如历史重现或未来预测等非现实场景的创造。为了增强真实感，开发者必须考虑光影效果、材质纹理以及动态变化等因素，使每一个细节都尽可能贴近实际情况。其次，镜头语言在 VR 新闻中发生了根本性的转变，传统的剪辑手法不再适用，取而代之的是基于空间布局和交互设计的全新逻辑。编辑团队需要重新思考如何引导用户的视线，设置合理的导航路径，并确保每个场景之间的过渡自然流畅。此外，音频设计同样重要，环绕立体声和定向音效可以营造出强烈的空间感，帮助用户更好地理解故事背景和情感氛围。不仅如此，VR 新闻还需要具备强大的互动功能，让用户可以自由探索新闻场景，选择不同的观察点和视角。例如，在报道灾难现场时，观众可以选择深入废墟内部，近距离观察救援行动；在历史文化遗址的介绍中，用户能够像考古学家一样穿梭于古代建筑之间。这种高自由度的交互体验不仅增强了参与感，也提升了信息传递的效果。最后，内容质量控制也是不可忽视的一环，由于缺乏成熟的叙事框架和编辑规范，部分 VR 新闻作品存在结构松散、重点不突出等问题。因此，新闻机构和技术公司需要不断优化算法模型，扩大训练数据集，并引入人工审核机制，确保最终发布的 VR 新闻符合编辑标准。总之，VR 新闻生产的特殊要求不仅体现在技术和艺术层面，更在于如何平衡创新与传统，为用户提供一个既生动又可信的信息获取途径。

（二）分发渠道与设备兼容性

VR 新闻的分发渠道和设备兼容性是确保其广泛传播和用户体验的关键因素，面对多样化的市场环境和技术条件，新闻机构和技术公司需要采取多管齐下的策略。首先，选择合适的分发平台至关重要，目前主流的 VR 应用商店如 Oculus Store、Steam VR 等提供了丰富的资源库，但这些平台通常面向特定品牌或类型的 VR 设备，限制了受众范围。为了覆盖更广泛的用户群体，新闻机构还可以通过移动应用商店（如 Apple App Store 和 Google Play）发布适配手机和平板电脑的轻量级 VR 应用，这类设备拥有庞大的用户基数，能够迅速扩大影响力。此外，社交媒体平台也成为重要的分发渠道，许多新闻机构已经开始利用 Facebook、YouTube 等平台分享 360 度全景视频，用户只需使用普通浏览器即可观看，降低了入门门槛。值得注意的是，随着5G网络的普及，云端流媒体服务逐渐成为新的趋势，用户无须下载大型应用程序，直接在线体验高质量的VR内容，进一步提高了便捷性和可访问性。然而，设备兼容性仍然是一个亟待解决的问题，市场上VR设备种类繁多，标准不统一，导致跨平台开发难度较大。为此，开发者需要采用通用的技术框架，确保内容能够在不同硬件上稳定运行。同时，针对低端设备优化性能，减少延迟和卡顿现象，提升整体用户体验。隐私保护也是一个不可忽视的问题，VR新闻往往涉及大量个人数据采集，如地理位置、面部表情等，如果管理不当，容易引发用户反感甚至法律纠纷。因此，建立健全的数据管理制度，遵循严格的法律法规，确保信息安全和个人隐私不受侵犯至关重要。最后，为了促进VR新闻的发展，新闻机构应加强与科技公司的合作，共同推动行业标准的制定和完善，形成一个健康、有序的生态系统。总之，分发渠道与设备兼容性不仅影响着VR新闻的传播效果，还为整个行业的可持续发展奠定了基础，只有通过技术创新和制度建设，才能实现这一目标。

第四章 新媒体新闻内容生产

第一节 新媒体新闻内容生产模式

一、传统媒体与新媒体的融合

（一）融合新闻的概念与发展背景

融合新闻指的是将传统媒体（如报纸、电视和广播）与新媒体平台（如互联网网站、社交媒体和移动应用）相结合，创造出一种新型的新闻传播形式。这种结合不仅在于媒介形态上的整合，更是在内容创作、分发渠道、用户体验等多个层面实现深度融合。随着信息技术的迅猛发展和社会数字化进程的加快，受众对于信息的需求变得更加即时化、个性化和互动性强。为了满足这些新需求，媒体行业不得不寻求转型之路。融合新闻正是在这样的背景下应运而生，它利用了数字技术提供的无限可能性，打破了传统媒体的时间空间限制，使得新闻报道能够更加迅速地触及全球各地的读者，并通过多媒体元素如视频、音频、图片以及文本等形式提供丰富的内容体验。此外，社交媒体的普及也极大地促进了信息的扩散速度，用户不再仅仅是被动的信息接收者，他们可以通过评论、分享等方式参与新闻事件，形成了一个双向交流的生态体系。因此，融合新闻不仅是技术和平台的变革，更是新闻理念和实践方式的一次深刻革命。

（二）传统媒体向新媒体转型的路径

传统媒体向新媒体转型是一条充满挑战但又势在必行的道路。在这个过程中，许多传统媒体机构开始探索多样化的策略以适应新的市场环境和技术条件。一方面，它们积极构建自己的在线平台，包括创建独立的网站、开发手机应用程序等，以便更好地吸引年青一代网民的关注。同时，传统媒体也在尝试与其他新媒体平台合作，例如入驻主流社交网络或短视频平台，利用其庞大的用户基础扩大影响力。另一方面，传统媒体注重提升内部的技术能力和服务水平，比如引入先进的编辑系统和数据分析工具，优化工作流程，提高内容制作效率。此外，培训员工掌握最新的数字技能也是关键一步，这有助于确保团队能够在快速变化的行业中保持竞争力。不仅如此，一些传统媒体还尝试跨界合作，与科技公司、高校研究机构甚至其他行业的企业联手，共同开发创新性的产品和服务。总之，传统媒体向新媒体的转型并非简单的从旧到新的转变，而是一个涉及全方位调整的过程，需要不断地学习、试验和改进，最终实现新闻生产的现代化和多元化。

（三）融合新闻生产中的挑战与机遇

融合新闻生产带来了前所未有的挑战与机遇。首先，在技术层面，虽然现代信息技术为新闻生产提供了更多可能，但也意味着更高的技术门槛。媒体组织必须不断投资于最新的软件硬件设施，并确保其团队具备足够的技术支持能力。其次，内容质量方面，面对海量信息源和快速更新的速度，如何保证新闻的真实性和准确性成为一大难题。特别是在社交媒体环境中，虚假信息容易广泛传播，这对新闻机构的专业性和责任感提出了更高要求。最后，经济上，新媒体时代的广告收入模式发生了显著变化，传统的印刷品销售或广播电视广告逐渐式微，而基于点击量、订阅制或其他增值服务的新盈利模式尚未完全成熟，给媒体企业的财务稳定性带来不确定性。然而，融合新闻也为行业发展开辟了广阔前景。它打破了地域界限，使新闻可以瞬间传遍世界；借助大数据分析，媒体能更精准地了解受众喜好，从而提供定制化服务；虚拟现实、增强现实等新技术的应用则为用户提供沉浸式的阅读体验。总的来说，尽管面临诸多困难，融合新闻无疑代表了未来的发展方向，只要媒体从业者能够灵活应对各种挑战，就能抓住这一历史契机，推动新闻事业迈向新的高度。

二、用户制作内容（UGC）

（一）用户制作内容的概念及特点

1. 用户制作内容的概念

用户制作内容（User Generated Content，UGC）一词源自 2002 年，并广泛适用于博客、协作出版以及 XML 整合等形式，成为参与式新闻的一种表现方式。随着网络和新媒体的迅速发展，这一概念在 2005 年开始得到普遍认知与应用。然而，目前尚未形成公认定义，例如维基百科认为其泛指用户在开放性平台上所创建和分享的信息。现有研究多以归纳的方式简述其内涵，学者进一步描述普通人参与内容贡献的机会，但这一框架未能深究用户制作内容背后的本质特征。因此，对于这一概念的完整性及复杂性需要更多系统化、理论化的探讨，以填补当前学术界对 UGC 理解深度与广度之间的空白。

世界经济合作与发展组织在 2007 年对用户制作内容提供了一定的定义，指出其由非专业草根群众通过非专业渠道所制作，且具备一定的创新性，并公布于公开互联网上。然而，该定义在判断“创新性”和“非专业人士”两个关键概念时存在较大困难，使得其实际应用受限。此外，这一定义未能全面涵盖广泛存在于互联网空间中的用户制作内容。可以认为，更为有效的理解应考虑所有公开平台上用户自由创作、传播与分享的多样化信息，以彰显网络环境下个体创造力的重要性，以及各类非正式知识生产方式对信息流通与交流的影响。在此背景下，明确用户制作内容在法律、社会及文化层面的复杂性，对于深度探讨相关现象显得尤为必要。

国内研究者赵宇翔指出，用户制作内容为媒体环境中一种由用户主导的网络资源创作与重组模式，这种创作模式与传统的自上而下的“权威生成、中心辐射”的模式明显不同。在该新型模式下，普通大众作为传播者和制作者实现信息创造的自主化，充分释放了强大的社会生产力。同时，通过便利的网络平台，用户得以自由表达、创造、沟通及分享，因此可视为互联网环境中群体协作行为的突出表现。尽管关于用户制作内容仍存争议与内在缺陷，其核心价值在于显著体现了自下而上的协作分享精神，有效体现了 Web 2.0 时代赋予每个网络参与者自我表达的话语权，从而形成“人人都是报道者”的全新格局。

2. 用户制作内容的特点

从世界经济合作与发展组织对用户制作内容的界定可以识别出

三个基本特征，即公开性、创新性与非专业性。用户制作内容的公开性体现在，其允许任何用户参与内容创作，无须依赖网络传播平台来发布，然而，这一现象最终演变为必须被公开发表的信息内容。在传统媒体时期，如报刊受到版面容量与电视台播出时间的制约；相较之下，互联网时代让用户拥有更广泛的表达空间，只要信息不违法，便可凭个人兴趣搜索并评论。因此，这种公开信息的本质强调了开放性和互动性的显著特点。在信息创作方面，用户展示出的创新性尤为突出，通过对事件进行个人评论及上传自制图片、音视频等形式，实现了比简单复制粘贴更具独特价值的信息贡献。最后，不容忽视的是，用户制作内容的非专业性则主要体现在其缺乏制度规定或商业市场规范。这意味着，这些作品通常由普通个体进行，而非受过专业训练的个人创作，表现出去中心化和去专业化的特征。他们不是以此作为职业追求，因此在创作流程与表现形式上往往显示出较低层次的专业技能。此外，他们往往以增强威望、促成友情或实现自我表达为目标，而非为了营利而进行制作，从而使得这种主体的行为性质归于日常普遍和趣味驱动。这三点构成了理解现代用户生成内容的重要基础。

（二）用户制作内容的表现形式

用户制作内容的分类可以依据生产主体的制作方式进行明确划分，包括独立表达式、共同协作式、引导互动式、竞争式与累积式等不同类型，这些类型在功能和特点上具有明显差异，反映了当前内容生产模式的多样性与复杂性。

第一，独立表达式是当前用户生成内容的重要特点，研究者指出，用户能够在无他人协助的情况下完成创作与发布信息的任务，其内容往往用于自产自销，这一行为反映了个体独立性的增强。在不同的平台上，如博客和微博，用户对于个人情感及观点的表达，是其核心功能之一。同时，国内外如百度文库（文字）、堆糖网（图片）与微博秒拍（视频）等多样化平台，为用户提供了展示自我的空间。国外类似于推特（文字类）、照片墙（图片类）以及YouTube（视频类）的应用，同样充实了这种独立交流方式的生态体系。因此，通过这些形式，个体能够实现有效的信息传播与沟通，从而彰显其在网络文化中的主动性。

第二，共同协作式是一种基于用户间协作，实现信息内容完善的方式，例如知乎和维基百科。维基百科的形成依赖众多网友对历史词条的不断修订，体现了对特定问题解读和知识创造的过程。这种模式集中大众力量完成个体难以独立实现的目标，从而呈现出最为完整的信息结构，生动展示了人类智慧与合作的重要性。

第三，互动式内容生成模式的引导因素在于用户间的互动及信息共享过程，通过如微信朋友圈及脸书等社交平台，用户可在产销双方充分交流下完成信息的生产与消费。此外，门户网站提供的评论、点赞和转发功能，也增强了用户参与互动式内容创造的主动性，从而推动信息的丰富度和多样性。例如，在天涯论坛与凯迪社区等平台上，大众围绕公共事件展开讨论，从而生成相关的信息输出。再例如，澎湃新闻客户端“问吧”栏目及网易新闻客户端“每日轻松一刻”通过用户对热点话题开展讨论，既为内容增添新的视角，也丰富了信息生态。因此，引导互动式既促进了社群内部兴趣讨论，也构建了一个个体与集体协同生产的信息流通机制。

第四，在数字内容创作中，竞争式与累积式两种类型反映了用户行为的多样性。具体而言，在创作过程中，用户表现出独立性，其内容产生的结果却体现出明显的竞争性。而相较于此，累积式模式强调尽管每位用户创作活动依然是个体化，但他们之间却存在一定程度的互相影响。如在大众点评网平台上，各用户围绕自己体验过的产品进行评价交流，自然不互相干扰，但其评论内容与其他评价之间展现出的关联性，却构建了一个丰富的信息网络。这种类型通常呈现个体在同一事物上的差异化和独特视角，使得各个用户创造的内容既保障了个人表达，又形成了主题围绕下的多元且丰富特征，有效促进知识共享与互动。因此，这两种模式共同塑造了现代社会中信息传播的新生态，对于理解数字化环境中的创作动态和社区交互具有重要意义。

用户制作内容的表现形式因发布平台差异而各异。博客上以原创文字新闻为主，视频类网站主要集中于用户上传的视频新闻内容，而新闻门户网站则倾向于用户原创的评论信息。这些多样化形式涵盖文字、图片、音视频等，充分展现出网络环境中个体创作的丰富性与复杂性。

（三）用户制作内容的产生动因

在新闻传播领域，用户制作内容的出现不仅是对政治、经济、社会文化及现代传播技术等多重环境的适应与回应，同时亦反映了特定的受众需求。通过运用 PEST 理论分析法，对用户制作内容产生动因在以上四个维度进行细致剖析，有助于系统性地探讨该模式的生产和传播特点。对此，可以更准确地理解 UGC 在新媒介环境中的既有危机与转机，进而推动传统媒体与新媒体以理论为基础，引起足够重视，并结合自身实际发展情况，合理引入和应用用户生成内容这一新兴表现形式。这种分析方法不仅增进了对新闻传播全貌的认知，更为未来媒体发展奠定了坚实基础，以促进更高效的信息流动与观众互动。

PEST 分析是指某一行业或企业基于自身实际情况，从宏观视角对外部环境进行的系统分析，旨在寻求发展方向。此分析包含四个主要因素：政治因素涵盖政策变化与法律法规，经济因素涉及市场动向与消费能力，社会因素关注人口结构及文化趋势，而技术因素则针对创新科技和信息技术的应用。这种多维度评估能为企业制定战略决策提供重要参考依据。

1. 民主制度的逐步完善

随着民主制度的逐步完善与新技术的快速发展，公民在信息生产与传播中的参与权利显著提升，这为用户生成内容模式的崛起奠定了基础。在这一背景下，我国新闻传播改革进入新阶段，政府部门依照国家新闻政策保障公民获取新闻信息的权利；此外，通过建立健全法律制度来规范新闻媒体机构，督促其履行面向公众的报道责任。近年来，如山东假疫苗事件及丽江女游客被毁容案例清晰显示了公众舆论监督的重要性，引发专业媒体积极追击事件真相。这一现象不仅证明了有效的信息反馈机制在推动社会治理创新中的作用，更使得政府与传媒在面对人民需求时愈加重视透明度，从而强化群众的知情权、参与权、表达权及监督权。因此，在维持这些民主基石的前提之下，一方面，强调基层民主制度建设应进一步完善并得到合法保护，以便为公众舆论贡献提供必要支持；另一方面，则须着力推动传递透明且负责任的信息环境以增强社会信任感。同时，还应通过改进技术手段提升新闻媒介生态质量，加强对外界声音开放性的适应，使其与社会舆论形成良性互动，为广大用户提供更广泛、更及时、多元化的信息获取途径。此外，用法治框架保障公民在言论以及出版权方面权益也显得尤为关键，确保发展中国家的步伐在人权文化构建上不断稳固。由此可见，任何时候，无论是针对具体事件背后的严峻考量还是宏观层面的政策引导，对传统和数字语境中应用效果充分整合皆至关重要。总之，在民主制度日益改善的大环境里，新媒体时代促进了内容制作理念的发展，使得公民行为机制产生深远影响，为未来更大范围内信息发展的互动创造条件。

2. 经济发展的强大基础

用户制作内容力量的崛起深受经济发展所奠定的强大基础影响。媒介生存环境形成一个有机的生态系统，其发展不可或缺于政治、经济、社会与技术等多方面因素，尤其是经济因素，作为事务发展的根基，对用户内容创作模式的产生与演变提供了动力支持。从宏观层面分析，我国持续快速的社会经济发展不仅为新闻传媒行业的蓬勃成长奠定了必要条件，同时还为传播技术进步引入了雄厚资金和物质保障。根据第 41 次《中国互联网络发展状况统计报告》，中国网民数量已达到新高，且网民普及率超过全球平均水平，高达 55. 8% 。该数据在一定程度上印证了我国经济体制和实践所取得的优异成绩，使得越来越多人能够顺利加入互联网行列，并促使手机网民规模每年稳定扩大。具体而言，经济因素对传媒发展的影响可从两个维度解析：首先是构成传媒行业生存与发展的基本社会经济状况，其次是由国家制定相应政策为其塑造稳定生态。因此，以形势稳健积极带动媒体及文化产业的发展愈发显得迫切而重要。这种良好的宏观环境能够促进文化传播，在有效提高全体公民对于媒体接触能力上的同时，也使受众逐渐习惯采用多样化渠道获取信息并通过个性化方式进行传播。此背景下，无疑推动着不同阶层互动交流更加便利，但与此同时也提出了挑战，比如确保信息质量以及避免内容同质化的问题将会成为亟需解决之道。

3. 社会环境脱域化的助力

"脱域"概念由英国社会学家安东尼·吉登斯在其著作《现代性的后果》中提出，该概念揭示了现代社会的系统特征。吉登斯将"脱域"视为一种生产机制，主要指的是社会关系不再局限于固定的地域，而是从对不确定时间及重构时空的关联中抽离。通俗而言，随着技术发展，社会变迁与时空重组相结合，促使各主体逐渐摆脱、弱化传统时空事件的依赖。在互联网环境下，"脱域"首先体现在全球范围内由封闭向开放，以及向全球化转变；个体作为生产主体经历从独立性到互通性的转变；最后，各种由人与人之间产生的社会关系和新闻生产过程中的相关环节都随之发生显著变化。这一系列动态变化反映了当代社会快速发展的复杂性及互动性。

技术基础上的互联网本身固有的"脱域"特征，正是促成当前新闻生产开放性与社会化特征的重要因素之一。"脱域"体现为用户与传统传播者在同一新闻生产流程中扮演重要角色，相较于传统媒体时代，现在的新闻环境显得更加宽松，社交媒体及新闻客户端承担的社会责任和审查机制相对较低。在这种背景下，实现了人人可以成为编辑、进行报道的发展势头，从而构建起全民参与的新闻生产大格局。此外，从媒介组织层面分析，个人在新媒体环境中的新闻制作活动已经逐步摆脱了对组织相关制约与规范的依赖，使得整个生产环境更加自由。而从技术把关来看，目前实名制登录社交平台制作和发布信息尚未全面普及，这表现出社会环境"脱域化"的另一种迹象。这一变化不仅助推了用户制作内容作为新的新闻传播模式，同时还极大地丰富了传统单一来源下挖掘的新资讯素材。通过此模式发展，不仅拓展了当前多元化的信息报道容量，还有效激发了公众对参与新闻传播活动的热情，并满足其对于创作多样性内容日益增长的需求。这些因素共同作用，使得其良好的适应性在数字化背景下越发显著，也进一步推动着整个信息传播体系向前迈进。

4. 传播技术赋权的推动

美国传播学家丹尼斯·麦奎尔指出，真正的传播革命不仅在于信息传播方式的变革或受众对不同媒介注意力停留时间的变化，其根本驱动力源自技术的发展。互联网技术作为一种高效生产机制，促成协作式信息生产、瞬时性的信息发布与传播，以及无界限的信息分享，从而改变了传统信息流动模式。在这一过程中，技术赋权极大推动用户自主创作内容的崛起，使社会关系在虚拟空间中得以重构。由此可见，公众不再是被动的信息接收者，而是转变为主动参与信息生成与传播的重要主体，其参与新闻制作权利乃是随着互联网技术不断演进而逐步实现，这一转变展示了互联网时代舆论形成与媒体生态系统的新特征。

在 Web 1.0 时代，用户通过互联网浏览器查询信息的方式趋向于单一化，缺乏交互性。然而，技术的持续进步逐渐打破了传统信息传播的机械性与单向性，“技术更新下的各种传播工具，包括博客、微博、社交应用等，它们引领了 Web 2.0 时代的变革”。伴随社交网络的发展，信息技术赋予了普通用户制作并发布内容的能力，使其影响力日益增加。根据 2018 年《中国互联网络发展状况统计报告》所示，中国网民人数以惊人的速度增长，再加上手机网民数量不断创新高，这反映出技术革新赋予公众更大的表达权利。Web 3.0 时代在 Web 2.0 基础上，进一步实现“智能化的人与人和人与机器的交流”，这标志着受众意识由被动转为积极参与者。此外，这也彰显了普通公众在信息生态系统中话语权的重要崛起，由此促使对内容创造者和消费者关系进行重新审视，以便更好地理解现代传播环境中的角色变化与相应影响。

移动互联网技术、大数据、虚拟现实及人工智能等新兴技术，伴随短视频与直播表现形式的引入，逐渐深入新闻生产的各个环节。在视频直播领域，实现了用户之间以及用户与直播主体之间的实时互动，这促成了全新的内容生产方式。这种在线视频实时制作的信息传递方式，既赋予用户内容创作的权利，也使得信息消费与生产得以同步进行，从而极大地增强了用户的新闻参与感。随着新技术不断迭代升级，给予用户更多丰富多彩的新颖参与路径，其在内容制作及信息传播中的主动角色将日益突出，因此未来以用户为核心的新型新闻生产与传播模式值得深入探讨和期待。

三、合作式新闻生产

（一）多方协作的重要性

在新媒体环境下，多方协作对于新闻生产的深度和广度具有不可替代的重要性。首先，通过跨领域、跨行业的合作，不同背景的专业人士可以为新闻报道注入多元视角，丰富内容的层次感。例如，科学家、经济学家或法律专家能够提供专业见解，帮助公众更全面地理解复杂的社会现象。其次，合作有助于整合资源，优化信息采集和传播过程。传统媒体与新媒体平台之间的协同工作，使得新闻可以在多个渠道同步发布，扩大了受众覆盖面，并提高了信息传递的速度和效率。再者，多方协作促进了知识共享和技术交流，推动了新闻行业的创新发展。尤其是在大数据分析、人工智能等新兴技术的应用上，联合研究和开发可以加速技术落地，改善用户体验。此外，面对全球性的议题如气候变化、公共卫生危机等，跨国界的合作尤为重要。国际间的媒体机构携手合作，不仅能够突破语言障碍，还能协调一致地发声，增强舆论引导力。最后，多方协作还有助于建立信任网络，确保信息的真实性和可靠性。当不同利益相关方共同参与新闻制作时，他们各自的责任心会促使整个流程更加透明公正，减少虚假信息的传播风险。因此，在当今高度互联的世界里，构建一个开放包容的合作机制是提升新闻质量和影响力的关键路径。

（二）媒体机构之间的合作案例

媒体机构之间的合作已成为新媒体时代新闻生产的重要特征之一，许多成功的案例展示了这种协作模式的优势。比如，《纽约时报》与 ProPublica 联手进行了一系列深入调查报道，揭示美国医疗系统中存在的不平等现象。两家媒体结合了《纽约时报》广泛的读者群体和 ProPublica 专注于数据挖掘及调查的能力，共同揭露了那些隐藏在复杂统计数据背后的故事。又如，BBC 与 The Guardian 合作推出的“Panorama”特别节目，聚焦英国政府对移民政策的处理方式，通过实地采访、数据分析以及历史资料对比，提供了详尽而客观的视角。此外，路透社与 Google News Initiative 的合作项目致力于提高全球新闻工作者的技术水平，包括培训记者使用先进的工具来验证社交媒体上的信息真实性，以及如何更好地利用机器学习算法来预测新闻趋势。这些合作不仅增强了单个媒体机构的内容生产能力，还促进了行业内最佳实践的分享，形成了良性循环。更重要的是，通过这样的合作，媒体机构得以跨越地域限制，形成更为广泛的信息流通网络，从而在全球范围内产生更大的社会影响。总之，媒体间合作不仅提升了新闻质量，也为应对日益复杂的新闻环境提供了新的解决方案。

（三）公众参与和公民记者的角色

公众参与和公民记者在现代新闻生产中扮演着越来越重要的角色，极大地改变了传统的新闻生态。随着互联网普及和个人数字设备的发展，每个人都有可能成为信息的创造者和传播者。公民记者以其独特的地理位置优势和即时性，能够在第一时间捕捉到事件发生的现场情况，补充了专业媒体难以触及的角落。例如，在突发事件发生时，普通市民拍摄的照片或视频往往成为最早期的第一手资料来源，为后续官方报道提供了重要参考。同时，公众参与也增加了新闻的多样性和代表性，使得更多边缘化群体的声音得到表达。社交媒体平台更是成为公众发表意见、讨论公共事务的重要场所，形成了所谓的“草根媒体”。然而，公民记者的存在并非没有挑战，由于缺乏专业的训练和审核机制，其提供的信息可能存在偏差甚至误导。因此，如何平衡公民记者的积极性与信息的真实性成为一个亟待解决的问题。一些媒体机构已经开始尝试建立规范化的指导方针，鼓励公民记者提交材料的同时也要遵守基本的新闻伦理标准。此外，媒体还可以通过组织培训课程或在线研讨会等方式，提升公民记者的专业素养。总的来说，公众参与和公民记者的兴起是对传统新闻体系的一种有益补充，促进了民主对话和社会监督，让新闻真正回归服务公众的本质上来。

四、精准化内容定制

（一）精准定位受众群体

精准定位受众群体是新媒体时代新闻内容生产的核心策略之

一，它通过深入分析用户行为和偏好来确保信息的有效传递。在这个过程中，大数据技术扮演了至关重要的角色，利用算法模型对海量用户数据进行挖掘，从中识别出具有相似兴趣或需求的细分市场。例如，社交媒体平台能够追踪用户的点赞、评论、分享等互动记录，结合地理位置、年龄、性别等因素，构建详细的用户画像。这使得新闻机构可以根据特定人群的特点定制个性化的新闻推送，提高内容的相关性和吸引力。此外，搜索引擎优化（SEO）也是实现精准定位的重要手段，通过对关键词的研究与布局，使新闻内容更容易被目标读者发现。而随着人工智能的发展，自然语言处理（NLP）技术进一步提升了文本理解能力，可以更准确地捕捉到用户的真实意图，从而提供更加贴合需求的内容推荐。同时，精准定位还强调用户体验的重要性，不仅要满足用户的即时信息需求，还要考虑长期的兴趣培养和服务黏性建设。为了达到这一目的，媒体组织会定期开展问卷调查、焦点小组讨论等活动，直接听取用户反馈，并据此调整内容方向。最后，精准定位并不意味着忽视社会责任，相反，它要求在追求商业利益的同时，也要注重传播正面价值观，促进社会和谐发展。因此，通过综合运用多种技术和方法，精准定位受众群体不仅提高了新闻生产的效率和效果，更为建立稳固的读者关系奠定了坚实基础。

（二）定制化内容制作流程

定制化内容制作流程是新媒体环境下新闻生产的一大创新，旨在根据每个用户的独特需求和偏好量身打造专属内容。这一过程从内容策划阶段就开始体现个性化特征，编辑团队会依据数据分析结果确定主题选择、报道角度及呈现形式，确保每一项内容都能引起目标受众的共鸣。接着，在素材收集环节，除传统的采访、资料查询外，还会充分调动 UGC，如邀请专家、意见领袖或普通民众参与话题讨论，丰富内容来源。进入编辑加工时，则采用模块化设计思路，将不同类型的元素——文字、图片、视频等组合成易于消费的信息包。对于复杂议题，还可以开发交互式 H5 页面或 VR/AR 体验，让用户以更直观的方式了解事件全貌。发布渠道的选择同样遵循定制原则，针对不同平台特点优化排版和格式，确保最佳阅读体验。比如，在移动设备上优先考虑简洁明快的视觉风格；而在桌面端则可以增加更多深度解析和多媒体资源链接。后期运营方面，借助智能推送系统实现精准触达，同时密切监控用户反应，及时调整内容策略。值得注意的是，整个流程需要保持高度灵活性，以便快速响应市场变化和技术进步。此外，还需要建立一套完善的评估体系，用于衡量各项指标的表现，如点击率、停留时间、转发次数等，进而指导未来的改进方向。总之，定制化内容制作流程体现了“以用户为中心”的理念，通过精细化运作不断提升服务质量和竞争力。

（三）数据驱动的内容优化策略

数据驱动的内容优化策略是新媒体新闻生产中不可或缺的一部分，它依赖先进的数据分析工具和技术，持续改进内容的质量和相关性。首先，媒体机构会设立专门的数据分析团队，负责收集和处理来自各个渠道的数据，包括网站流量统计、社交媒体互动情况、用户订阅行为等。这些原始数据经过清洗、整理后，被输入机器学习模型中进行深度挖掘，以揭示隐藏在表面之下的规律和趋势。基于此，编辑人员可以获得关于哪些类型的文章更受欢迎、什么样的标题更具吸引力以及何时发布内容最能引起轰动等宝贵见解。其次，A/B 测试作为一种常见的实验方法，被广泛应用于验证假设并比较不同版本的效果。通过随机分配用户样本组，观察他们在面对两种或多种变量条件下的反应差异，最终选出最优方案。再次，实时监测和反馈机制确保了内容优化是一个动态的过程，而不是一次性决策。每当有新的数据流入系统，都会触发自动更新，使内容始终保持最新状态并与当前热点紧密相连。此外，社交媒体聆听工具可以帮助媒体捕捉公众情绪和社会脉搏，提前布局潜在热门话题。最后，数据驱动还体现在跨部门协作上，市场营销、产品开发等部门与编辑室共同合作，共享数据洞察，推动全方位的战略规划。例如，根据用户偏好调整广告投放策略，或者开发符合市场需求的新功能和服务。总之，数据驱动的内容优化策略不仅增强了新闻的时效性和针对性，还为提升用户体验和品牌忠诚度提供了强有力的支持。

第二节　新媒体新闻内容生产的技术创新

一、自动化新闻写作

（一）AI 写作工具的发展现状

AI 写作工具近年来取得了显著进展，从早期简单的模板填充逐渐演变为能够生成复杂文本的智能系统。当前，自然语言处理（NLP）和机器学习技术的进步使得 AI 写作工具不仅限于撰写简短的新闻摘要或结构化的财经报告，还可以创作长篇报道、评论文章甚至文学作品。这些工具通过大规模语料库的学习，掌握了丰富的语言模式和表达方式，能够在短时间内生成高质量的内容。例如，一些先进的AI写作平台可以自动识别新闻事件的关键信息，如时间、地点、人物等，并根据预设的格式迅速生成初稿。此外，AI写作工具还具备多语言支持能力，满足全球化新闻传播的需求。在实际应用中，编辑团队通常会对自动生成的内容进行审核和润色，以确保最终发布的准确性。不仅如此，AI写作工具还在不断进化，它们开始结合深度学习模型，如GPT系列和BERT，来提升生成文本的相关性和逻辑性。为了应对不同领域的特殊要求，开发者引入了领域特定的知识图谱，使AI能够更好地理解上下文背景，选择最合适的表达方式。同时，随着云计算和边缘计算的发展，AI写作工具的性能得到了进一步提升，降低了运行成本，提高了响应速度。值得注意的是，尽管AI写作工具已经表现得较出色，但在创意写作和深度分析方面仍有不足，需要人类记者的专业判断和个人经验补充。未来，AI写作工具将继续优化算法模型，扩大训练数据集，并与更多先进技术融合，为新闻行业注入新的活力和发展动力。

（二）AI在体育、财经等领域的应用实例

自动化新闻写作是指利用人工智能技术来生成新闻报道的过程。随着人工智能技术的不断进步，AI在新闻内容生产中的应用越来越广泛，尤其在体育和财经等领域，AI的表现尤为突出。

在体育领域，AI的应用主要体现在比赛数据的快速处理和新闻报道的自动生成。例如，美国的Automated Insights公司开发的Wordsmith平台，能够自动生成棒球、足球、篮球等体育赛事的赛后报道。该平台首先分析比赛数据，如比分、球员表现、统计数据等，然后运用自然语言生成技术，快速产出详尽的新闻报道。这些

报道不仅包含了比赛的基本信息和精彩瞬间，还能提供深入的数据分析，为读者带来丰富的阅读体验。此外，像 STATS Media Technologies 这样的公司，也提供了类似的 AI 写作服务，帮助媒体机构在短时间内生成大量的体育新闻内容。

在财经领域，AI 的运用同样显著。例如，美联社自 2014 年起就开始使用 AI 技术来撰写公司财报的新闻稿。通过与 AI 公司 Automated Insights 的合作，美联社能够自动分析公司的财务数据，并生成包含收入、利润、每股收益等关键财务指标的新闻报道。这种自动化写作不仅提高了新闻报道的速度，还减少了人为错误，确保了信息的准确性。此外，彭博社等财经媒体也开发了基于 AI 的新闻写作工具，用于快速报道市场动态、股票价格变动等财经新闻。

AI 在体育和财经领域的应用实例表明，自动化新闻写作不仅提高了新闻生产的效率，还能够在数据密集型的报道中提供更加深入和准确的分析。然而，这也引发了对新闻质量和记者职业前景的担忧。尽管 AI 可以处理大量数据和生成模板化的新闻报道，但它在理解新闻背景、进行深度调查和撰写具有人类洞察力的报道方面仍有限制。因此，未来新闻行业的发展可能会更加侧重于人类记者与 AI 技术的协同合作，以发挥各自的优势。

（三）AI 写作对新闻行业的长远影响

AI 写作对新闻行业的长远影响是深远且多维度的，它不仅改变了新闻生产的流程和方式，还重塑了新闻工作者的角色和职责。首先，AI 写作极大地提高了新闻生产的效率，特别是在处理大量重复性任务时表现出色。它可以迅速整合来自多个数据源的信息，生成简洁明了的新闻摘要或初步报道，减少了记者手动整理资料的时间成本。这种即时响应能力使得 AI 特别适合用于突发事件报道，能够在第一时间发布最新消息，满足公众对时效性的需求。其次，AI 写作促使新闻工作者向更高层次的专业化发展，将更多的精力投入深度报道、调查研究和独家评论上。AI 虽然可以在短时间内生成大量内容，但在深度和创意方面仍有不足，复杂的社会问题、人文关怀以及情感表达等内容难以仅靠算法完成，仍需依赖人类记者的专业判断和个人经验。此外，AI 写作强调了新闻工作者的独特价值，如批判性思维、情感共鸣和社会责任感，这些都是目前技术无法完全替代的。记者可以通过讲述有温度的故事、挖掘深层次的问题，展现新闻背后的人文关怀，从而赢得公众的信任和支持。最后，随着 AI 技术的不断发展，新闻机构也在积极探索新的业务模式和服务形态，如个性化推荐系统、虚拟现实新闻体验等，为用户提供更加多样化、沉浸式的阅读感受。为了适应这些变化，新闻从业者必须不断提升自身的数字素养和技术能力，掌握数据分析、编程语言等相关知识，成为“复合型”人才。总之，AI 写作对新闻行业的长远影响是一把双刃剑，既带来了变革的压力，也提供了转型的机会，关键在于如何把握时代脉搏，积极应对挑战，共同推动新闻业的创新发展。

二、大数据技术的应用

（一）利用大数据进行趋势预测

利用大数据进行趋势预测已经成为现代新闻传播和商业决策的重要工具，通过收集、处理和分析海量数据，可以揭示出潜在的社会动态和市场走向。首先，大数据平台能够整合来自社交媒体、搜索引擎、新闻网站等多个渠道的信息，帮助新闻机构识别热点话题和新兴领域，从而提前布局报道计划。例如，借助关键词搜索频率的变化可以预测即将到来的社会关注点，及时推出相关专题；通过情感分析工具了解公众对特定事件的态度倾向，调整报道角度以引发共鸣。此外，用户行为数据揭示了不同群体的兴趣偏好，使得个性化内容创作成为可能。新闻组织可以根据用户的浏览历史、地理位置、年龄性别等因素定制化信息流，提供更加精准的服务。不仅如此，大数据还促进了多媒体内容的创作，如视频脚本、图表设计等，通过对不同类型媒体的表现效果进行评估，选择最适合的形式传递信息。值得注意的是，数据驱动的趋势预测不仅仅是技术问题，还需要结合相关领域知识和人类智慧。记者和数据科学家的合作变得越来越普遍，双方共同探讨数据背后的含义，确保结果的准确性和合理性。同时，随着人工智能技术的发展，自然语言处理（NLP）、机器学习等方法被广泛应用于自动化写作中，从简单的新闻摘要生成到复杂的长篇报道，AI 助手能够辅助记者完成初稿撰写，提高工作效率。最后，利用大数据进行趋势预测不仅提升了新闻的专业性和科学性，更为公众提供了更加丰富、多维度的信息体验，推动着整个行业朝着更加智能化、精准化的方向发展。这种基于数据的前瞻性洞察力，使新闻机构能够在快速变化的时代背景下保持敏锐度，为读者提供有价值的内容。

（二）大数据分析在个性化推荐系统中的作用

大数据分析在个性化推荐系统中的作用显著增强了用户体验，提高了用户满意度和忠诚度。首先，实时数据分析可以帮助新闻机构迅速捕捉到舆论的变化趋势，提前布局热点话题，抢占先机。通过分析文章的点击率、阅读时长、评论数量等指标，编辑团队可以判断哪些内容更受欢迎，并据此调整选题方向，确保每一篇报道都能引起共鸣。其次，用户行为数据揭示了个体与群体之间的差异，为实现个性化服务创造了条件。基于大数据分析的结果，新闻平台可以为每位用户提供量身定做的信息流，推送最符合其兴趣的内容，从而增强黏性和忠诚度。不仅如此，数据分析还能发现内容中的不足之处，如事实错误、表述不清、角度单一等问题，并及时作出修正。社交网络上的转发、点赞等互动行为反映了信息的传播路径和社会影响力，这对于评估新闻效果至关重要。为了进一步优化内容，新闻机构还可以开展 A/B 测试，比较不同标题、图片或排版风格的效果，找出最能引起共鸣的形式。此外，利用用户生成内容（UGC），如读者评论、投稿等，不仅可以丰富报道素材，还能促进双向交流，形成良性互动。最后，透明度和可解释性也是衡量内容优化好坏的重要标准之一，让用户了解为什么收到特定推荐，有助于建立信任关系，促进长期使用。总之，大数据分析在个性化推荐系统中的作用不仅是提升用户体验的关键，更为新闻业注入了新的活力和发展动力，它既满足了个性化需求，又维护了新闻的核心价值，通过精准匹配用户兴趣，实现了信息的有效传递和深度参与。

（三）数据安全与隐私保护措施

数据安全与隐私保护措施是大数据应用中不可或缺的一环，面对日益增长的数据泄露风险和个人信息滥用问题，建立健全的安全防护机制至关重要。首先，加密技术是保障数据传输和存储安全的基础手段，无论是静态数据还是动态数据，都应采用高强度的加密算法进行保护，防止未经授权的访问和篡改。其次，身份验证和权限管理是控制数据访问权限的有效方式，通过多因素认证、角色分配等方式，确保只有合法用户才能获取所需信息。同时，数据脱敏技术可以在不影响数据分析的前提下，对敏感信息进行匿名化处理，减少隐私泄露的可能性。对于新闻机构而言，遵守严格的法律法规，如欧盟的《通用数据保护条例》（GDPR）和中国的《中华人民共和国个人信息保护法》，是确保合规运营的基本要求。这包括明确告知用户数据收集的目的和范围，获得充分的同意，并提供便捷的撤回选项。此外，定期进行安全审计和技术评估，及时发现并修复潜在漏洞，也是防范风险的重要举措。为了应对突发情况，制定应急响应预案，建立快速反应机制，以便在发生数据泄露事件时能够迅速采取行动，降低损失。最后，加强员工培训，提高全员的数据安全意识，也是构建全面防护体系的一部分。通过定期组织讲座、模拟演练等活动，普及安全知识和操作规范，营造良好的企业文化。总之，数据安全与隐私保护措施不仅是为了遵守法律义务，更是为了赢得用户的信任和支持，促进大数据技术的健康发展。新闻机构和技术公司需要共同努力，平衡技术创新与隐私保护之间的关系，共同营造安全可靠的信息环境。

三、区块链技术

（一）区块链在版权保护中的应用

区块链技术为新闻内容的版权保护提供了创新解决方案，通过去中心化和不可篡改的特点，确保了原创作品的权益得到有效维护。首先，区块链可以作为数字版权管理（DRM）系统的底层架构，每个创作内容都被赋予唯一的标识符，并记录到分布式账本中，形成一个透明且可追溯的权利链条。当作者发布一篇新闻文章或上传一段视频时，相关信息如发布时间、地点、创作者身份等都会被打上时间戳并存储在区块链上，这既证明了作品的原创性，也为后续的版权归属争议提供了确凿证据。其次，智能合约的应用使得版权授权过程更加自动化和高效。媒体机构可以通过预设条件，在满足特定要求时自动执行许可协议，比如根据用户的行为（阅读次数、转发量）动态调整付费标准，或者允许第三方平台在支付一定费用后合法使用部分内容。此外，区块链平台还可以集成微支付功能，支持小额打赏或订阅模式，鼓励优质内容的持续产出。对于独立记者或自由撰稿人而言，这种即时结算机制大大缩短了收入周期，增强了职业吸引力。不仅如此，区块链技术还能有效打击盗版行为，利用其不可篡改性和加密算法，任何未经授权的复制或传播都将被迅速识别并阻止。同时，通过建立跨平台的内容验证系统，不同渠道之间的信息共享变得更加便捷，有助于构建一个全球性的版权保护网络。最后，随着5G网络和物联网的发展，区块链将在更多场景下发挥重要作用，如实时监测侵权行为、优化版权交易流程等。总之，区块链在版权保护中的应用不仅提升了新闻行业的知识产权管理水平，还为创作者和消费者之间建立了更加公平、透明的合作关系，推动着整个行业朝着更加健康、有序的方向发展。

（二）通过区块链实现透明度和信任构建

区块链技术以其去中心化、不可篡改和高度透明的特性，在新闻传播领域实现了前所未有的透明度和信任构建。传统新闻环境中，信息的真实性和来源往往难以验证，特别是在社交媒体时代，虚假信息泛滥成灾。而区块链提供了一个安全可靠的基础设施，所有新闻报道从创作、编辑到发布的全过程都可以被记录在一个分布式的公共账本上，任何人都可以查阅这些记录，但无法对其进行修改。这意味着每篇报道都有据可查，其真实性和完整性得到了保障。此外，基于区块链的身份认证系统能够准确识别新闻作者和发布者的身份，防止冒名顶替或恶意篡改。公众可以轻松追踪到信息源头，了解其背后的利益相关方，从而增强对新闻的信任感。智能合约的应用进一步强化了这一机制，它可以根据预设规则自动执行某些操作，例如在满足特定条件下公开更多信息或触发调查程序。这既提高了工作效率，也减少了人为干预的可能性。值得注意的是，区块链还促进了多方协作，不同的新闻机构、事实核查组织和个人贡献者可以在同一个平台上共同工作，分享资源和技术成果。通过建立开放的数据交换标准，各方可以更方便地获取和核实信息，形成一个良性循环的生态系统。最后，随着技术的进步和社会认知度的提高，越来越多的用户开始认识到区块链带来的价值，愿意参与其中，共同维护一个更加公正、透明的信息环境。总之，通过区块链实现透明度和信任构建不仅是应对假新闻挑战的有效途径，还是推动新闻业转型升级的重要动力，它既维护了公众利益，又促进了行业的可持续发展。

（三）智能合约在新闻分发中的潜力

智能合约在新闻分发中的潜力巨大，通过自动化的合同执行和透明的交易记录，极大地简化了内容流通的过程，并为新闻机构和读者之间创造了新的互动方式。首先，智能合约可以用于自动化的版权管理和授权，每当有用户访问或下载某篇报道时，系统会根据预先设定的条款自动处理收费、分成等事宜，确保创作者获得应有的报酬。这种方式不仅提高了效率，还减少了中间环节的成本，使得内容分发更加直接和经济。其次，智能合约可以帮助新闻机构更好地管理订阅服务，例如根据用户的阅读习惯和偏好定制个性化的订阅计划，动态调整价格或推荐适合的内容包。这不仅能提升用户体验，还能增加用户黏性和忠诚度。此外，智能合约还可以促进广告投放的精准化，通过分析用户行为数据，广告商可以选择最适合的目标群体进行推广，提高转化率。与此同时，广告收入也可以按照事先约定的比例分配给相关方，确保各方利益得到平衡。对于独立记者或小型媒体来说，智能合约提供了一个低成本、高灵活性的运营平台，他们可以通过这个平台与大型出版商平等地竞争，扩大影响力。更重要的是，智能合约增强了新闻分发过程中的透明度和信任度，所有的交易记录都保存在区块链上，公开透明且不可篡改，消除了欺诈风险。用户可以清楚地看到自己支付的每一笔费用去了哪里，增强了对平台的信任。最后，随着区块链技术和智能合约的不断发展和完善，未来可能会出现更多创新的应用形式，如去中心化的新闻市场、社区驱动的内容审核等，这些都将为新闻行业注入新的活力和发展机遇。总之，智能合约在新闻分发中的潜力不仅体现在技术和商业模式上的革新，更为重要的是，它为构建一个更加公平、透明的新闻生态奠定了坚实基础。

四、扩展现实（XR）技术

（一）VR/AR/MR 技术在新闻报道中的实践

扩展现实（XR）技术包括虚拟现实、增强现实和混合现实（MR），这些技术在新闻报道中的应用正在逐渐改变传统的新闻叙事方式，为观众提供沉浸式和交互式的新闻体验。虚拟现实技术通过模拟现实环境，让用户仿佛置身于新闻现场。在新闻报道中，VR 技术的实践主要体现在以下几个方面：① 沉浸式新闻报道：一些新闻机构已经开始使用 VR 技术来制作新闻故事，让观众以第一人称的视角体验新闻事件。例如，《纽约时报》推出了 NYT VR 应用程序，通过 VR 头盔，观众可以体验叙利亚战争、自然灾害等新闻现场的沉浸式报道。② 360 度视频：许多新闻网站和平台开始采用360 度视频技术，让观众能够自由旋转视角，全方位地观看新闻现场。这种技术不需要昂贵的 VR 设备，用户通过智能手机或电脑就能获得一定的沉浸体验。

增强现实技术则在现实世界中叠加虚拟信息，为新闻报道提供了新的维度。增强现实技术在新闻报道中的实践包括：① 实时信息叠加：在直播或实时报道中，增强现实技术可以用来叠加地图、数据图表、社交媒体评论等虚拟信息，为观众提供更丰富的背景信息。例如，在天气预报或体育赛事直播中，增强现实技术可以直观地展示天气变化或比赛数据。② 互动式新闻故事：一些新闻应用利用 AR 技术创造互动式的故事体验，用户可以通过手机摄像头观看新闻相关的虚拟内容，如历史重现、产品介绍等。

混合现实（MR）技术结合了 VR 和 AR 的特点，将虚拟内容与现实世界融合在一起。在新闻报道中，MR 技术的实践包括：① 新闻编辑室的应用：一些新闻机构使用 MR 技术来增强新闻编辑和制作过程，记者和编辑可以在虚拟环境中预览和布局新闻报道，提高了工作效率。② 交互式新闻体验：MR 技术可以让观众在现实环境中与虚拟的新闻角色或物体进行交互，为新闻教育和个人学习提供了新的途径。

总的来说，VR/AR/MR 技术在新闻报道中的实践正在为新闻行业带来革命性的变化。这些技术不仅提供了新的叙事手段，还增强了观众的参与感和新闻的传播效果。然而，这些技术的应用也面临着成本、技术门槛和内容创作挑战，未来新闻机构需要在创新和可行性之间找到平衡。

（二）XR 技术带来的沉浸式体验

XR 技术带来的沉浸式体验深刻影响了用户的感知和情感反应，通过高度逼真的视觉效果和多感官刺激，使用户仿佛亲身经历了新闻事件。首先，XR 利用 3D 建模、高清图像和环绕音效等手段，营造出强烈的视觉冲击力和听觉效果，让用户仿佛置身于事件发生的第一现场。例如，在灾难报道中，用户可以感受到地震后的废墟景象，听到呼喊声和救援设备的轰鸣，这种身临其境的体验让人们对受灾群众的困境有了更直观的认识，从而产生深切的同情和共鸣。其次，XR 技术能够捕捉并传达细微的情感变化，如人物的表情、动作和语气等，使得故事更具感染力。当讲述社会问题或人权议题时，沉浸式的环境能够让观众更深刻地体会到当事人的处境和感受，激发内心的正义感和社会责任感。此外，XR 技术还支持多维度的信息传递，除视觉和听觉外，还可以引入触觉甚至嗅觉元素，全方位展示新闻故事。例如，在食品加工行业的调查报道中，用户不仅可以观看生产过程，还能“闻到”工厂内的气味，增加信息的真实性和可信度。这种全方位的感官刺激不仅增强了情感共鸣，还让用户对新闻内容的记忆更加深刻。最后，XR 新闻的沉浸式体验有助于打破信息茧房现象，鼓励用户接触不同领域和背景的故事，拓宽视野，促进跨文化的理解和交流。总之，XR 技术通过沉浸式体验，不仅提升了新闻的专业性和影响力，还为公众提供了一种全新的信息消费方式，推动着整个行业朝着更加多元化、人性化的方向发展。它不仅改变了新闻传播的形式，还重塑了人们获取和处理信息的方式，为社会带来了新的认知和沟通模式。

（三）技术成本与市场接受度评估

XR 技术的成本与市场接受度是决定其能否广泛应用的关键因素，面对高昂的开发费用和技术门槛，以及多样化的市场需求，新闻机构和技术公司需要采取策略性措施以实现可持续发展。首先，XR 硬件设备的价格仍然较高，尤其是高端 VR 头显和平板电脑，这对普通消费者构成了经济障碍。尽管市场上已经出现了一些价格较为亲民的选择，但整体而言，XR 设备的普及率仍有待提高。为此，制造商应继续优化产品设计，降低成本，扩大市场份额。与此同时，软件开发同样面临挑战，XR 应用的制作过程比传统新闻报道更为复杂，涉及 3D 建模、动画渲染、音效设计等多个专业领域，要求较高的硬件配置和软件支持。这使得许多中小型新闻机构难以承受相关费用，限制了内容生产的规模和频率。为了降低技术成本，开发者可以采用通用的技术框架，如 WebXR API，确保内容能够在不同硬件上稳定运行，同时针对低端设备优化性能，减少延迟和卡顿现象，提升整体用户体验。值得注意的是，随着 5G 网络的普及，云端流媒体服务逐渐成为新的趋势，它允许用户无须下载大型应用程序，直接在线体验高质量的 XR 内容，进一步提高了便捷性和可访问性。然而，市场接受度也是一个不可忽视的问题，公众对于 XR 新闻的认知和信任程度尚需时间培养。新闻机构应加强宣传推广，开展线下体验活动，让更多人了解并认可 XR 新闻的价值。此外，隐私保护也是一个重要方面，XR 新闻往往涉及大量个人数据采集，如地理位置、面部表情等，如果管理不当，容易引发用户反感甚至法律纠纷。因此，建立健全的数据管理制度，遵循严格的法律法规，确保信息安全和个人隐私不受侵犯至关重要。最后，为了促进 XR 新闻的发展，新闻机构应加强与科技公司的合作，共同推动行业标准的制定和完善，形成一个健康、有序的生态系统。总之，XR技术的成本与市场接受度评估不仅影响着其传播效果，也为整个行业的可持续发展奠定了基础，只有通过技术创新、制度建设和市场培育等多种途径逐步克服这些挑战，才能实现XR新闻的长远目标。

第三节　新媒体新闻内容生产的运营策略

一、内容质量控制

（一）新闻伦理与标准的确立

新闻伦理与标准的确立是新媒体环境下确保高质量新闻内容生产的基础。随着互联网技术的迅猛发展，信息传播的速度和范围空前扩大，这既为新闻行业带来了前所未有的机遇，也提出了更为严格的道德要求。为了维护公众利益和社会稳定，必须建立一套适应新时代特点的新闻伦理规范。首先，真实性原则始终是新闻报道的核心，任何新闻作品都应基于事实，避免误导性陈述或虚假信息。其次，独立性和公正性也是关键要素，新闻机构须保持客观立场，不受外部压力影响，致力于提供平衡、全面的观点。此外，尊重个人隐私和保护弱势群体的权利同样重要，特别是在涉及敏感话题时，如犯罪、灾难等，要谨慎处理相关资料，防止二次伤害。同时，透明度在新媒体环境中显得尤为重要，媒体应当公开其信息来源，接受公众监督，并及时纠正错误。面对全球化的挑战，国际新闻伦理准则也为国内媒体提供了参考框架，促进了跨国界的信息交流与合作。最后，培养从业人员的职业操守至关重要，通过定期培训和教育活动，强化他们的责任感和服务意识，使每位记者都能成为传播正能量的使者。总之，确立明确的新闻伦理与标准不仅是媒体自身发展的需要，更是构建和谐社会舆论环境的重要保障，它有助于树立媒体公信力，赢得读者信任，推动整个行业的健康持续发展。

（二）编辑审核机制的设计

编辑审核机制的设计对于保证新媒体新闻内容的质量具有至关重要的作用。一个有效的审核流程能够过滤掉不准确、不适当或有争议的内容，确保最终呈现给读者的是经过严格筛选和加工的信息。首先，建立多层次的审核体系是基础，包括初审、复审和终审三个阶段。初审由一线编辑负责，他们依据基本的新闻价值判断稿件是否值得进一步处理；复审则交由资深编辑或专家团队完成，重点检查事实准确性、语言表达及法律合规性等问题；终审通常由总编辑或高层管理者执行，确保所有内容符合组织的战略目标和品牌形象。其次，引入技术辅助手段可以大大提高审核效率，例如使用自然语言处理（NLP）技术自动检测语法错误、拼写问题以及潜在的版权侵权行为。同时，利用大数据分析工具监测舆情动态，提前预警可能出现的争议点。再次，设立专门的反馈渠道，鼓励内部员工和外部读者提出意见和建议，形成双向互动机制，不断优化审核标准。此外，针对不同类型的新闻内容，制定差异化的审核流程，比如突发事件报道强调速度与准确性相结合，而深度调查报道则更注重证据链的完整性和逻辑严谨性。最后，加强跨部门协作，将法律咨询、公关宣传等部门纳入审核环节，共同应对复杂的新闻事件。总之，精心设计的编辑审核机制不仅提升了内容的专业水准，还增强了媒体的社会责任感，为用户提供可靠且有价值的资讯服务。

（三）应对假新闻的方法与手段

应对假新闻的方法与手段已成为新媒体时代新闻内容生产中不可忽视的关键议题。假新闻不仅破坏了信息的真实性，还可能引发社会恐慌、误导公众决策甚至影响国家形象。因此，采取有效措施防范和治理假新闻迫在眉睫。首先，媒体自身要加强自律，建立健全内部管理制度，明确规定采编人员不得制作、发布未经核实的信息。同时，加大对虚假信息识别技术和工具的投资，如人工智能驱动的事实核查平台，能够快速比对多源数据，验证新闻的真实性。其次，政府和监管机构应发挥主导作用，出台相关法律法规，明确界定假新闻的定义及其法律责任，对故意制造和传播虚假信息的行为进行严厉处罚。在此基础上，促进国际合作，共享情报和技术资源，联手打击跨国界的假新闻网络。此外，教育公众提升媒介素养同样是解决假新闻问题的有效途径之一，通过学校课程、社区讲座等形式普及新闻识读知识，教导人们如何辨别真伪，增强批判性思维能力。社交媒体平台作为假新闻的主要传播渠道之一，也负有重要责任，它们应该优化算法推荐系统，优先展示权威可靠的新闻源，限制低质量内容的曝光率。最后，鼓励社会各界积极参与假新闻治理工作，形成多方共治的良好局面，如设立举报奖励制度，发动群众力量监督不良信息。总之，只有通过综合施策，从源头上遏制假新闻的产生，并构建起坚固的信息安全防线，才能营造清朗健康的网络空间，维护社会稳定和国家安全。

二、社交媒体营销

（一）社交平台的选择与策略制定

社交平台的选择与策略制定是新媒体新闻内容生产中社交媒体营销成功的关键因素。在选择平台时，媒体机构需要综合考虑目标受众的特征、平台用户基数及其活跃度、内容分发机制以及平台特色功能等因素。例如，微博和微信在中国拥有庞大的用户群体，适合用于快速传播即时新闻和互动交流；而 LinkedIn 则更适合发布专业领域的内容，吸引职场人士的关注。Facebook、Instagram 等国际平台以其视觉化内容见长，对于图片和视频类新闻报道尤为适用。YouTube 作为全球最大的视频分享网站，为长视频提供了广阔的展示空间。确定了合适的平台后，下一步是策略的制定。这包括明确品牌定位，即通过一致的品牌形象和语气来建立独特的身份认同；设定具体的目标，如增加粉丝数量、提高参与率或推动特定话题讨论；规划内容日历，确保定期更新且符合时事热点。此外，利用平台提供的数据分析工具，深入了解用户行为模式，根据其兴趣点调整内容方向。针对不同平台的特点，还可以开发定制化的内容形式，如短视频、直播、图文故事等，以满足用户多样化的需求。最后，跨平台整合也是重要的一环，通过统一管理多个账号，实现资源共享和协同推广，形成一个有机的整体。总之，精心挑选社交平台并制定科学合理的营销策略，不仅有助于扩大影响力，还能有效提升用户的忠诚度，为新闻机构赢得更多的关注和支持。

（二）互动活动策划以增强用户黏性

互动活动策划是增强用户黏性和促进社区建设的有效手段之

一，在新媒体新闻内容生产中扮演着不可或缺的角色。成功的互动活动不仅能加深用户对品牌的认知，还能激发他们的参与热情，从而建立起更加紧密的关系。首先，活动设计要紧密结合新闻主题和社会热点，确保内容具有时效性和相关性。例如，在重大事件期间举办问答竞赛，邀请专家进行在线讲座，或者发起话题挑战，鼓励用户分享自己的观点和经历。其次，奖励机制的设计至关重要，适当的激励措施可以大大提高用户的积极性。既可以是实物奖品，如书籍、纪念品，也可以是虚拟奖励，如积分、勋章等，甚至可以给予获奖者特别的曝光机会，如在官方账号上展示作品。同时，互动活动的形式应多样化，避免单调乏味。除传统的投票、抽奖外，还可以尝试 AR/VR 体验、线上游戏等形式，带给用户全新的感受。再者，保持活动的新鲜感和持续性，定期推出新的玩法，并根据用户反馈及时优化改进。此外，充分利用社交媒体平台的功能，如直播、评论区互动等，拉近与用户的距离。最后，重视后续跟进工作，对积极参与的用户提供个性化的感谢信息，维持良好的沟通渠道。总之，通过精心策划互动活动，不仅可以吸引大量用户参与，更能培养出一批忠实的支持者，为新闻机构的发展注入源源不断的活力。

（三）监测社交媒体反馈并调整策略

监测社交媒体反馈并适时调整策略是新媒体新闻内容生产过程中确保营销效果的重要环节。随着社交媒体成为人们获取信息的主要途径之一，用户的意见和反应直接反映了他们对内容的态度和期望。因此，建立一套完善的监测体系显得尤为重要。一方面，借助专业的舆情监控工具，实时跟踪关键词、话题标签等相关数据的变化，捕捉公众情绪的波动趋势；另一方面，密切关注评论区、私信以及其他互动渠道，收集一手的用户评价和建议。通过对这些反馈信息的分析，可以发现哪些内容受到欢迎，哪些地方存在不足，进而指导内容创作的方向。例如，如果某类文章获得了较高的点赞量和转发次数，说明该题材具有较强的吸引力，值得进一步挖掘；相反，若某些报道引发了负面评论，则须反思其可能存在的问题并采取相应措施加以改进。除定量分析外，定性的研究也不可或缺，深入理解用户背后的故事和情感诉求，有助于构建更为人性化的内容生态。此外，将监测到的信息及时反馈给编辑团队和技术部门，共同探讨解决方案，确保每个环节都能迅速响应变化。更重要的是，根据监测结果灵活调整营销策略，如改变发布时间、优化推送频率、调整内容风格等，以适应不断变化的市场需求。最后，定期总结经验教训，形成文档资料库，为未来的决策提供参考依据。总之，通过持续地监测社交媒体反馈并动态调整策略，不仅能够提升用户体验，还能增强媒体机构的竞争优势，确保在激烈的市场竞争中立于不败之地。

三、商业模式探索

（一）广告收入与订阅服务

广告收入与订阅服务构成了新媒体新闻内容生产中不可或缺的两大商业模式支柱，两者相辅相成，共同支撑起媒体机构的经济基础。广告模式依赖高流量和广泛的用户覆盖面，通过在网站、移动应用及社交媒体平台上展示横幅广告、视频广告等形式来获取收益。为了提高广告效果，媒体需要不断优化用户体验，确保广告不干扰正常阅读，并利用精准投放技术将广告内容与用户兴趣相匹配，从而增加点击率和转化率。与此同时，随着数字广告市场的竞争加剧和技术进步，程序化购买等新型广告形式逐渐兴起，它允许媒体根据实时竞价机制选择最优广告资源，实现收益最大化。而订阅服务则侧重于为用户提供更高质量的内容和服务体验，如独家报道、深度分析、无广告浏览环境等增值服务。对于一些专注于特定领域或拥有独特资源的媒体来说，订阅模式不仅能稳定现金流，还能建立起忠实的读者群体。此外，为了吸引更多用户订阅，许多媒体推出了限时免费试用、折扣优惠等活动，并通过会员专享活动等方式增强用户黏性。值得注意的是，随着隐私保护法规日益严格，如何平衡数据利用与用户隐私成为广告和订阅业务面临的共同挑战。因此，媒体机构需要不断创新，在遵守法律法规的前提下，探索更多样化的盈利途径，以适应快速变化的市场环境。

（二）合作伙伴与赞助商关系管理

合作伙伴与赞助商关系管理是新媒体新闻内容生产中拓展商业版图的重要手段之一。良好的合作关系不仅能够带来直接的资金支持，还可能为媒体开辟新的传播渠道和发展机遇。首先，寻找志同道合的合作伙伴至关重要，这包括其他媒体机构、科技公司、教育机构以及各类非营利组织等。通过合作，各方可以共享资源、优势互补，例如联合举办线上线下活动、开展专题研究或开发创新产品。与科技企业的合作尤其值得关注，它们提供的先进技术可以帮助媒体提升内容制作水平和服务质量，如人工智能辅助编辑、大数据分析等。同时，建立长期稳定的赞助商关系也是关键所在。媒体应深入了解赞助商的品牌定位和市场需求，为其量身定制营销方案，确保合作项目既能体现赞助商的价值主张，又符合自身的品牌调性和受众期待。在此过程中，透明度和诚信显得尤为重要，所有合作协议都应明确双方的权利义务，并严格按照约定执行。此外，媒体还需要积极维护公共形象，避免因不当合作损害声誉。最后，定期评估合作成效，及时调整策略，确保合作关系持续健康发展。总之，通过精心管理和不断优化合作伙伴与赞助商的关系，媒体可以在激烈的市场竞争中赢得更多的支持和发展空间，实现互利共赢的目标。

（三）开发新的盈利点如付费墙或会员制度

开发新的盈利点如付费墙或会员制度是新媒体新闻内容生产寻求可持续发展的重要举措之一。随着免费信息泛滥和用户对优质内容需求的增长，越来越多的媒体开始尝试引入这些模式，以期在提供更好服务的同时获得额外收入。付费墙是指用户必须支付一定费用才能访问特定内容或享受高级功能，这种方式适用于那些拥有独家资源或深入报道能力的媒体。为了吸引用户愿意为之付费，媒体需精心策划内容结构，确保付费区域能够提供独一无二的价值，如权威解读、专业评论等。同时，合理的定价策略也至关重要，既要考虑到成本回收，也要让用户感受到物有所值。相比之下，会员制度更加灵活多样，除基本的付费访问权限外，还可以附加多种特权，如优先参与线下活动、专属客服支持、积分兑换礼品等，以此增强用户的归属感和忠诚度。此外，会员制度还可以结合分级设计，针对不同层次的需求提供差异化的服务套餐，满足个性化要求。值得注意的是，无论是付费墙还是会员制，成功的关键在于构建一个完整的生态系统，从内容创作到用户服务，每个环节都要紧密衔接，形成良性循环。为此，媒体需要加强技术研发投入，搭建便捷高效的支付平台；同时，重视用户体验，简化注册流程，优化界面设计，确保操作简单易懂。最后，通过数据分析和用户反馈不断改进服务内容，保持创新活力。总之，通过积极探索和实践付费墙及会员制度等新盈利模式，媒体不仅可以拓宽收入来源，还能更好地服务于目标受众，促进自身长远发展。

四、国际化传播

（一）适应不同文化背景的内容调整

适应不同文化背景的内容调整是新媒体新闻内容在国际化传播中取得成功的关键因素之一。在全球化的今天，信息跨越国界的速度前所未有地加快，但每个国家和地区都有其独特的文化和价值观，这要求媒体机构在制作和分发内容时必须考虑到这些差异。首先，语言的本地化不仅仅是简单的翻译，而是要确保内容符合目标市场的语境和表达习惯，避免因直译而产生的误解或不恰当表述。此外，视觉元素如图片、视频等也须进行适当调整，以契合当地的文化审美标准。例如，在某些文化中，颜色具有特殊象征意义，使用不当可能会引发负面反应。其次，理解并尊重宗教信仰和社会习俗对于构建正面的品牌形象至关重要。新闻报道应避免触及敏感话题或出现冒犯性内容，尤其是在涉及历史事件、政治人物等方面时更加谨慎。同时，媒体需要深入了解各国法律法规，确保内容合法合规，特别是在版权保护、隐私权等方面遵守国际公约。再者，针对不同市场的需求特点，开发定制化的内容产品和服务，如开设专门频道或栏目，提供特定领域的深度报道。为了更好地融入当地社会，媒体还可以与本土机构合作，借助其资源和影响力扩大覆盖面。最后，培养多元文化意识，通过招聘来自不同文化背景的专业人才，建立一支具备全球视野的团队，使内容创作更具包容性和代表性。总之，通过精心调整内容以适应不同文化背景，不仅能够提升国际用户的接受度，还能促进跨文化交流，树立负责任的媒体形象。

（二）国际合作与交流的机会

国际合作与交流为新媒体新闻内容生产提供了广阔的发展空间和宝贵的机会。在全球化背景下，媒体机构之间的协作不再局限于单一国家或地区，而是形成了一个相互依存、共同进步的国际网络。首先，跨国合作有助于资源整合，降低生产和运营成本。通过与其他国家的媒体伙伴共享技术平台、编辑工具以及数据库等资源，可以实现优势互补，提高工作效率。例如，联合开展大型调查项目，利用各方的优势获取更多一手资料；或者共同投资研发新技术，推动行业创新。其次，国际合作促进了信息流通，打破了地域限制，使得新闻能够更迅速地传遍世界。特别是面对全球性议题如气候变化、公共卫生危机等，国家间的协同工作尤为重要。各国媒体可以通过互换记者、联合采访等形式，深入现场报道，提供多角度的解读。此外，参与国际组织或行业协会举办的会议、论坛等活动，也是拓展人脉、获取前沿资讯的有效途径。这些活动不仅为媒体提供了展示自身实力的机会，还可能促成新的合作伙伴关系。再次，国际合作也为年轻记者的成长搭建了舞台，他们可以通过交换项目、实习机会等方式积累国际经验，拓宽职业发展道路。最后，随着数字化转型加速，虚拟现实、增强现实等新兴技术的应用将进一步丰富国际合作的形式，创造更多的可能性。总之，积极把握国际合作与交流的机会，不仅可以提升新闻内容的质量和影响力，还能增强媒体在全球范围内的竞争力，推动整个行业的繁荣与发展。

（三）面对全球化挑战时的策略选择

面对全球化带来的各种挑战，新媒体新闻内容生产需要采取一系列灵活且有针对性的策略选择，以确保在全球竞争中保持优势地位。首先，强化内容原创性和独特性是应对信息过载的有效方法之一。在全球化浪潮下，海量信息充斥着人们的日常生活，只有那些独具特色、深入挖掘的内容才能脱颖而出。为此，媒体机构应加大对深度报道、独家专访等高质量内容的投资，培养专业团队，提升采编能力。其次，优化多渠道分发策略，确保内容能够覆盖尽可能广泛的受众群体。除传统的网站和移动应用外，充分利用社交媒体、短视频平台等新兴渠道，根据不同平台的特点定制化发布内容，扩大影响力。同时，注重用户体验，简化注册流程，优化界面设计，确保操作简单易懂，让用户愿意停留并分享。再者，加强数据安全和个人隐私保护，建立严格的信息管理制度，防范潜在风险。在全球范围内，用户对个人信息泄露的关注度日益增加，任何疏忽都可能导致信任危机。因此，媒体需遵守各国法律法规，采用先进的加密技术和匿名处理手段，保障用户权益。此外，积极应对假新闻和误导性信息的挑战，建立健全的事实核查机制，及时纠正错误报道，维护新闻的真实性和权威性。最后，关注全球经济和技术发展趋势，提前布局未来发展方向。随着人工智能、区块链等新技术的不断涌现，媒体行业正经历深刻的变革，只有紧跟时代步伐，勇于探索创新，才能在激烈的全球化竞争中立于不败之地。总之，通过综合施策，从内容质量到传播方式再到风险管理，全方位提升自身实力，新媒体新闻内容生产将能够在复杂的全球化环境中稳步前行，赢得更大的发展空间。

第五章 新媒体新闻传播效果评估

第一节 新媒体新闻传播效果的评估指标体系

一、评估指标体系的建立原则

（一）科学性与系统性

在新媒体环境下，构建一套科学性和系统性的评估指标体系对于准确衡量新闻传播的效果至关重要。这个体系需要基于严谨的研究方法和理论框架，确保每一个指标都经过了充分的验证，并能够反映新媒体传播的真实情况。科学性要求我们不仅考虑定量数据，如点击率、转发量等易于统计的硬性指标，还应包括定性分析，例如用户评论的质量、社会反响的程度等软性指标。同时，系统性意味着从多个维度全面地审视新闻传播的过程和结果，覆盖从信息生产到接收的各个环节，以及受众认知、态度和行为的变化路径。这一体系还需考虑到不同平台的特点和技术进步对传播模式的影响，通过整合多源数据，使用先进的数据分析技术，如大数据分析、人工智能算法等，为评估提供坚实的基础。此外，科学性和系统性的结合还体现在跨学科研究的应用上，即融合传播学、心理学、社会学等多个领域的知识，以构建一个综合评价模型，从而更精确地捕捉新媒体新闻传播的复杂动态，为媒体机构制定有效的传播策略提供指导。这样的评估体系既是学术研究的重要组成部分，也是实践操作中的有力工具，帮助从业者更好地理解其工作成果，并不断优化内容生产和分发方式，最终实现更好的传播效果和社会影响。

（二）可操作性与实用性

为了使新媒体新闻传播效果的评估真正落地并产生实际价值，评估指标体系必须具备高度的可操作性和实用性。这意味着所设计的指标应该便于理解和执行，无论是专业的研究人员还是普通的媒体从业者都能快速掌握并应用。具体来说，这些指标应当可以通过现有的技术和资源进行测量，无须复杂的设备或过多的人力投入，同时也要避免过于抽象的概念，确保每一项评估都能够转化为具体的行动指南。实用性的另一层含义在于，该体系要能直接服务于决策过程，帮助媒体组织识别哪些方面做得好，哪些地方还有改进空间。例如，通过对比不同时间段的数据，可以发现某类话题在特定时期内更容易引起公众关注，进而调整内容规划；或者根据用户反馈的分析结果，了解读者偏好，优化文章风格和格式。此外，实用的评估体系还应该支持个性化定制，适应不同类型媒体机构的需求，因为不同的媒体可能有不同的目标受众、业务模式和发展阶段。因此，除通用的评估标准外，还需要留有足够的灵活性，让各机构可以根据自身特点添加特有的评估项目。总之，一个具有高可操作性和实用性的评估体系，不仅能提高工作效率，还能促进媒体行业的健康发展，推动新媒体环境下的新闻传播更加高效、精准和富有影响力。

（三）适应性与时效性

新媒体新闻传播效果评估指标体系必须具备良好的适应性和时效性，以应对快速变化的媒体环境和技术进步带来的挑战。适应性强调的是该体系能够灵活响应新出现的趋势、平台特性及用户行为模式的转变。随着社交媒体、短视频平台以及其他新兴媒体形式的兴起，新闻传播的方式正在经历前所未有的变革。这就要求评估体系不仅要涵盖当前主流平台的关键性能指标（KPI），还要预见未来可能出现的新趋势，提前布局相关评估参数。例如，当直播成为一种流行的内容形式时，评估体系应及时纳入观众互动频率、实时评论热度等指标。与此同时，时效性则保证了评估结果能够迅速反映出最新的传播状况，为及时调整策略提供依据。在信息爆炸的时代，新闻的价值往往取决于它是否能在第一时间被广泛接受和传播，因此，评估体系需紧跟时代步伐，利用实时数据分析技术，确保评估工作的即时性和准确性。此外，适应性和时效性的结合还体现在持续更新和完善评估模型上，通过定期审查现有指标的有效性和适用性，去除过时的部分，增加新的考量因素，确保评估体系始终处于最前沿，助力媒体机构在竞争激烈的环境中保持优势，同时也为学术界提供了宝贵的实证资料，促进了新媒体传播理论的发展。

二、关键评估指标

（一）覆盖面与受众量

在新媒体环境中，覆盖面与受众量是衡量新闻传播效果的重要基础指标。覆盖面指的是新闻信息能够到达的地理区域或用户群体范围，而受众量则是指实际接触到该信息的人数。这两个因素共同决定了新闻内容的可见度和潜在影响力。首先，通过分析网站流量、应用程序下载量、社交媒体关注者数量等数据，可以初步估算出一个媒体平台的覆盖面。然而，仅仅知道有多少人看到过信息并不足够，还需要深入了解这些受众的具体特征，包括年龄、性别、地域分布以及兴趣偏好等。这有助于媒体机构更精准地定位目标受众，优化内容策略。其次，随着大数据技术和人工智能的发展，现在可以通过更加精细的方式追踪用户的在线行为轨迹，如浏览历史、停留时间、页面滚动深度等，从而更准确地测量受众量。此外，考虑到多屏互动的趋势，即用户可能在同一时间内使用多种设备访问同一内容，媒体机构还需建立跨平台监测机制，确保不会重复计算同一用户。最后，为了进一步扩大覆盖面并增加受众量，媒体组织还可以探索与其他平台的合作机会，例如进行联合推广活动或者利用社交网络效应来吸引新用户。总之，覆盖面与受众量既是评估新闻传播效果的基础指标，也是媒体机构制定战略决策时不可或缺的数据支持。

（二）互动率与参与度

互动率与参与度反映了受众对新闻内容的兴趣程度及他们愿意投入的时间和精力。高互动率通常意味着内容引起了强烈的共鸣，促使用户主动参与讨论。在新媒体平台上，互动的表现形式多样，包括点赞、评论、分享、订阅频道、参加投票等。对于新闻媒体而言，提升互动率的关键在于创造有价值的内容，满足用户的求知欲和社会归属感。一方面，编辑团队需要精心策划选题，确保话题既具有时效性又贴近生活，容易引发公众讨论；另一方面，采用生动活泼的语言风格，配合图文并茂的形式，增强文章的吸引力。值得注意的是，互动不仅是单向的信息传递，更是双向甚至多向的交流过程。因此，媒体机构应积极回应读者的意见和建议，形成良好的反馈循环。此外，技术手段也起到了重要的推动作用，比如实时聊天功能、虚拟现实/增强现实体验等都可以显著提高用户的沉浸感和参与感。从长远来看，培养忠实粉丝群体对于维持高水平的互动率至关重要。通过举办线上线下相结合的活动，建立会员制度等方式，媒体可以加深与用户之间的联系，建立起稳定的情感纽带。最终，持续优化互动机制，鼓励更多元化的表达方式，将有助于构建一个健康活跃的新媒体生态系统。

（三）分享转发率

分享转发率是衡量新闻内容传播力的一个直观且强有力的指标。它直接反映了信息在社交网络中的流通速度和范围，同时也暗示了内容的质量及其对用户的感染力。当一篇文章被广泛分享时，不仅表明其主题受到了普遍关注，还说明内容本身具备足够的价值，值得推荐给他人。从心理学角度来看，人们倾向于分享那些能引起情感共鸣、提供实用信息或是展现个人品味的内容。因此，媒体创作者应当注重挖掘故事背后的情感元素，用真实感人的案例打动人心；同时，确保提供的资讯准确可靠，帮助读者解决问题或增长见识。另外，视觉设计也不容忽视，一张引人注目的图片、一段精美的视频往往能够在第一时间抓住眼球，激发分享欲望。除了内容本身外，方便快捷的操作界面同样重要。简洁明了的分享按钮布局、一键分享至各大社交平台的功能设置都能有效降低用户操作门槛，促进信息扩散。值得注意的是，过度依赖算法推荐虽然可以在短期内提升曝光率，但长期来看可能会削弱原创内容的生命力。所以，媒体机构应该平衡好自然增长与技术支持之间的关系，避免陷入流量至上主义陷阱。总的来说，提高分享转发率并非一蹴而就的事情，而是需要综合考虑多个方面因素，不断调整优化内容生产模式和服务体验，才能实现持久稳定的增长。

（四）用户反馈与评论质量

用户反馈与评论质量是评价新媒体新闻传播效果不可或缺的一环。优质的用户反馈不仅能为媒体提供宝贵的改进建议，还能反映出内容是否真正触达了目标受众的心灵深处。正面的评论往往是对内容的一种肯定，证明它成功地传达了预期的信息或观点；相反，负面评论则提供了发现问题的机会，有助于及时调整方向，避免更大损失。为了获得高质量的用户反馈，首先要营造一个开放包容的交流环境，让用户感到自己的声音被重视。这就要求媒体平台不仅要设立专门的留言区，还要安排专人负责管理和回复评论，保持与用户的密切沟通。其次，鼓励用户发表建设性的意见，而非单纯的情绪宣泄。为此，可以定期举办有奖征文、最佳评论评选等活动，激励大家深入思考并提出有价值的见解。再者，媒体机构自身也要做好表率，公开透明地处理争议事件，展现出负责任的态度。对于敏感话题，更要谨慎对待，防止因不当言论引发不必要的风波。最后，借助数据分析工具，可以从海量评论中提炼出有用信息，辅助决策制定。通过对关键词频率、情感倾向等方面的统计分析，能够快速掌握舆论动向，预测潜在风险，提前采取应对措施。总之，重视用户反馈与评论质量，不仅可以提升新闻传播的效果，更能塑造良好的品牌形象，赢得公众的信任和支持。

（五）品牌影响力提升

品牌影响力提升是新媒体新闻传播效果评估中的长期目标之

一。成功的品牌建设不仅能够增强媒体的知名度和美誉度，还能为其带来忠实的受众群体，进而转化为商业价值。在新媒体时代，品牌的塑造不再局限于传统的广告宣传，更多的是通过优质内容的持续输出和积极的社会责任实践来实现。一方面，媒体机构应致力于打造独特的品牌个性，让每一项报道都带有鲜明的标识，易于识别。无论是严肃的时政解读还是轻松的生活指南，都应该围绕核心价值观展开，传递一致的品牌形象。另一方面，积极参与公益活动、倡导正能量，也是树立良好品牌形象的有效途径。通过报道社会热点问题、发起慈善募捐、支持环保行动等方式，媒体可以在公众心中树立起负责任、有担当的形象。此外，跨界合作也是一个不容忽视的战略选择。与其他知名品牌、知名人士或非营利组织联手推出特别项目，既能扩大自身的影响力，又能借助合作伙伴的优势资源，实现互利共赢。值得注意的是，在追求品牌影响力的过程中，必须始终保持诚信原则，杜绝虚假宣传和误导性信息。只有这样，才能赢得受众的长久信任，使品牌深入人心。最后，利用新媒体平台的特点，如直播、短视频等形式，创新传播方式，吸引更多年青一代的关注。综上所述，品牌影响力的提升是一个系统工程，需要全方位的努力和长期的坚持，而这一切的基础就是始终如一地提供优质内容和服务，满足用户需求，超越用户期望。

三、量化与质化评估方法结合

（一）数据统计分析

在新媒体新闻传播效果的评估中，数据统计分析扮演着至关重要的角色。通过收集和处理大量的定量数据，媒体机构能够获得关于传播效果的直观洞察。首先，数据来源广泛，包括但不限于网站流量统计、社交媒体互动数据、用户行为追踪记录等。这些数据提供了有关受众规模、阅读习惯、内容偏好等方面的详尽信息。例如，通过分析访问量（PV）、独立访客数（UV）、页面停留时间等指标，可以了解一篇文章或视频的受欢迎程度；而点赞数、评论数、转发数则直接反映了用户的参与度。进一步地，借助高级数据分析工具和技术，如 Google Analytics、百度统计等，媒体机构还能进行更深层次的数据挖掘。比如，利用聚类分析识别出不同类型的读者群体，根据他们的兴趣特点定制个性化的推荐内容；或者运用回归分析探索哪些因素对传播效果有显著影响，从而为优化策略提供依据。此外，随着大数据和人工智能技术的发展，实时监控和预测分析成为可能。媒体可以通过设置预警系统，在特定情况下自动触发相应的响应机制，如当某篇文章突然爆红时，快速调整推广资源，最大化其影响力。同时，机器学习算法还可以帮助发现潜在的趋势和模式，提前布局热点话题。值得注意的是，虽然数据统计分析能提供精确的数量结果，但它无法解释背后的原因和动机。因此，必须与其他定性研究方法相结合，形成互补。例如，将统计数据与用户访谈相结合，可以更深入地理解为何某些内容会受到欢迎，以及如何改进不理想的部分。总之，数据统计分析是新媒体新闻传播效果评估不可或缺的一部分，它不仅为决策提供了坚实的数字基础，还为持续优化传播策略指明了方向。

（二）案例研究与深度访谈

案例研究与深度访谈是深入了解新媒体新闻传播效果的有效途径之一。这种方法侧重于从具体实例中提取经验和教训，揭示现象背后的深层逻辑。对于媒体机构来说，选择具有代表性的案例进行详细剖析，可以帮助他们更好地理解成功或失败的原因，并从中获取宝贵的启示。一方面，案例研究通常涉及对某一特定事件或项目的全面回顾，包括背景介绍、实施过程、关键决策点以及最终成果等。通过对这些环节的细致梳理，研究人员能够识别出影响传播效果的各种因素，如选题新颖性、报道时效性、表达方式创新性等。另一方面，深度访谈则是与相关利益者进行面对面交流的过程，旨在获取第一手资料和个人见解。受访者可以是内容创作者、编辑团队成员、平台运营人员，甚至是普通读者。通过这种形式的沟通，不仅可以了解内部运作流程和面临的挑战，还能捕捉到受众的真实感受和需求。例如，当探讨一篇深度报道为何引起广泛关注时，除分析文章本身的质量外，还可以询问编辑在策划阶段做了哪些努力，作者是如何收集素材的，以及读者为什么愿意分享这篇文章。此外，案例研究和深度访谈还能够补充数据统计分析中的不足之处，即解释“为什么”发生而非仅仅是“发生了什么”。它们为复杂的社会现象提供了更加丰富和立体的理解框架，有助于媒体机构制定更具针对性和前瞻性的策略。长期来看，积累足够数量的高质量案例和访谈记录，还可以构建一个知识库，供未来参考借鉴，促进整个行业的健康发展。综上所述，案例研究与深度访谈在新媒体新闻传播效果评估中具有不可替代的价值，它们为理论研究和实践操作架起了桥梁，推动了行业不断进步。

（三）问卷调查与用户测试

问卷调查与用户测试是评估新媒体新闻传播效果的重要手段，它们能够直接从受众那里收集反馈，为优化内容和服务提供宝贵的信息。问卷调查是一种结构化的方式，通过设计一系列问题来了解用户的看法、态度和行为。这种方式的优势在于覆盖面广、样本量大，可以获得相对客观的数据支持。例如，媒体机构可以通过在线问卷向大量读者询问他们对某个专题的兴趣程度、是否愿意继续关注类似内容、最关心的问题是什么等。这不仅能帮助确定热门话题，还能发现新的增长点。为了确保问卷的有效性，设计时需要考虑几个关键要素：一是问题要简洁明了，避免歧义；二是选项设置合理，涵盖所有可能性；三是注意隐私保护，尊重受访者的个人信息安全。与此同时，用户测试则是将目标用户置于实际使用场景中，观察他们与内容交互的行为。它可以是在实验室环境中进行的可用性测试，也可以是实地体验后的即时反馈。用户测试的优势在于能够捕捉到用户真实的情感反应和操作习惯，例如，当测试一款新的新闻应用程序时，观察用户是否容易找到感兴趣的内容、界面设计是否友好、功能按钮是否易于理解等。此外，用户测试还能够验证一些假设，如新推出的个性化推荐算法是否提高了用户的满意度。通过这两种方法的结合，媒体机构可以得到多维度的数据，既有宏观层面的普遍趋势，也有微观层面的具体表现。更重要的是，问卷调查和用户测试的结果可以直接转化为行动指南，指导内容创作、产品开发和营销策略的调整。例如，如果调查显示大多数用户不喜欢过于复杂的图表展示，那么编辑团队就可以简化视觉元素；如果测试发现某个功能不易被用户发现，技术人员就可以重新设计导航路径。总之，问卷调查与用户测试既是评估新媒体新闻传播效果的重要工具，也是连接媒体与受众之间的桥梁，使得每一次改进都能更贴近用户的需求，实现更好的传播效果和社会价值。

第二节　新媒体新闻传播效果的影响因素

一、内容相关因素

（一）信息的价值与准确性

在新媒体环境中，信息的价值与准确性是决定新闻传播效果的关键要素。对于读者而言，有价值的新闻能够提供有用的知识或见解，帮助他们更好地理解世界。这种价值体现在多个方面：首先，它可能涉及对当前事件的深入报道，揭示事实真相，为公众提供一个清晰的认识框架；其次，它可以是对未来趋势的预测和分析，指导人们做出更明智的选择；最后，有价值的信息还应具有一定的教育意义，促进社会进步和个人成长。然而，要确保信息具备这些价值并非易事，它要求记者和编辑团队不仅要有扎实的专业知识，还要保持敏锐的社会洞察力。此外，准确性同样不可忽视，错误的信息不仅会误导读者，损害媒体公信力，还可能导致严重的社会后果。因此，媒体机构必须建立严格的审核机制，从信息源的选择到最终发布，每一个环节都要进行细致检查。例如，在处理敏感话题时，应当多方求证，确保数据真实可靠；对于引用的数据和统计资料，也要注明出处，便于查证。同时，随着信息传播速度的加快，快速核实信息变得尤为重要。媒体可以通过培养专业的核查团队、利用先进的技术工具（如区块链溯源）、与其他权威机构合作等方式，提高信息验证效率。值得注意的是，新媒体平台上的用户生成内容（UGC）虽然丰富了信息来源，但也带来了新的挑战。如何平衡开放性和准确性之间的关系，成为亟待解决的问题。一方面，鼓励用户分享自己的经历和观点，可以增加信息的多样性和深度；另一方面，需要设立明确的规则和指南，防止虚假信息的泛滥。总之，通过不断提升信息的价值与准确性，媒体不仅可以赢得受众的信任和支持，还能为构建和谐稳定的社会环境贡献力量。

（二）故事叙述与表达方式

故事叙述与表达方式在新媒体新闻传播中扮演着举足轻重的角色。一个引人入胜的故事能够将复杂的信息转化为生动的画面，使读者更容易理解和记忆。优秀的叙事技巧不仅能抓住读者的眼球，还能触动他们的心弦，引发共鸣。为了实现这一目标，媒体创作者需要掌握多种叙述手法，灵活应用于不同的场景。比如，采用第一人称视角可以让故事更具代入感，仿佛亲身经历一般；而第三人称则更适合客观描述事件的发展过程，保持距离感的同时保证信息的全面性。除视角选择外，情节设计也至关重要。一个好的故事应该有起承转合，设置悬念吸引读者继续阅读。开头部分尤其重要，它决定了读者是否会留下来。一个精彩的开篇往往包含了令人好奇的情节或深刻的思考点，激发读者的好奇心。另外，人物刻画也不容小觑。通过塑造鲜明的人物形象，可以增强故事的情感色彩，使读者更容易产生情感联结。当然，故事叙述不仅是文字游戏，还需要结合实际需求进行调整。对于严肃题材的新闻报道，语言风格应当严谨准确，避免过多的修辞和夸张；而对于娱乐类内容，则可以适当放松语气，增加趣味性和互动性。此外，多媒体元素的应用也为故事讲述提供了更多可能性。视频、音频、图片等可视化材料可以直观地展示背景信息、补充文字说明，甚至创造沉浸式的体验。例如，使用虚拟现实技术带领读者“亲临”新闻现场，或者借助动画解释复杂的科学原理。最后，社交媒体平台的兴起为故事传播开辟了新途径。短小精悍的内容形式，如短视频、图文并茂的消息卡片，能够在短时间内吸引大量关注。总之，精心设计的故事叙述与恰当的表达方式，可以使新媒体新闻更加贴近人心，提升传播效果，扩大影响力。

（三）视觉设计与多媒体元素

视觉设计与多媒体元素在新媒体新闻传播中的作用日益凸显，它们不仅能够增强内容的吸引力，还能改善用户体验，进而影响传播效果。首先，良好的视觉设计有助于第一时间吸引读者的注意力。在一个信息过载的时代，一张抓人眼球的封面图或一段引人入胜的视频片段，往往是用户决定是否点击进入文章的重要因素。为此，媒体机构需要注重图像的选择和制作，确保其质量高且符合主题。高质量的视觉素材不仅能传递更多信息，还能营造特定氛围，引导读者的情绪反应。例如，使用温暖色调的照片可以传达积极乐观的态度，而冷色系则适合表现严肃沉重的话题。此外，排版也是视觉设计的一个重要组成部分。合理的布局可以优化阅读路径，让读者轻松找到自己感兴趣的内容。简洁明了的文字编排、适当的留白空间以及和谐的颜色搭配，都能够提升页面的整体美感。其次，多媒体元素的应用极大地丰富了新闻的表现形式。视频、音频、图表、动画等多模态内容，使得信息传递不再局限于静态文本。以视频为例，它能够实时记录现场情况，展现动态变化，带给观众强烈的现场感。特别是在报道重大事件时，视频直播成为不可或缺的形式之一。音频同样具有独特魅力，特别是当涉及个人访谈、历史录音等内容时，声音能够传递出文字难以表达的情感和细节。图表则擅长处理复杂的数据，用直观的方式呈现统计结果，帮助读者快速理解关键信息。最后，随着技术的进步，更多的创新元素被引入新闻报道。例如，虚拟现实和增强现实技术为用户创造了全新的交互体验，让用户仿佛置身于新闻发生的地点。这样的沉浸式体验不仅增强了参与感，还促进了信息的有效传播。总的来说，视觉设计与多媒体元素不仅是美化新闻内容的手段，更是提升传播效果的强大工具。通过不断地探索和实践，媒体机构可以在视觉美学和技术应用之间找到最佳平衡点，为用户提供更加丰富多彩的阅读体验，从而吸引更多受众，巩固自身的市场地位。

二、平台相关因素

（一）平台特性与算法推荐

在新媒体新闻传播中，平台特性与算法推荐机制是影响传播效果的重要因素。不同的社交媒体和内容分发平台拥有各自独特的属性和用户交互模式，这些差异直接决定了信息的展示方式和到达范围。首先，平台特性涵盖了技术架构、界面设计、功能设置等方面。例如，微博以其快速的信息流动和话题讨论能力著称，适合发布即时新闻和简短评论；而微信公众号则更强调深度内容和社区互动，适合长篇文章和专题报道。每个平台都有其核心竞争力，媒体机构需要根据自身的内容特点选择最合适的发布渠道。此外，平台的算法推荐系统扮演着“隐形编辑”的角色，它通过分析用户的浏览历史、点赞行为、关注对象等数据，为每个人定制个性化的信息流。这种智能化推送极大地提高了用户获取感兴趣内容的概率，但也带来了信息茧房的问题，即用户只看到符合自己偏好的内容，视野变得狭窄。为了解决这一问题，媒体创作者不仅要创作高质量的内容，还要善于利用算法逻辑，如优化标题、关键词设置、发布时间等，以增加被推荐的机会。同时，随着人工智能和机器学习技术的发展，算法推荐变得更加精准和复杂。一些平台已经开始尝试引入多维度评估模型，考虑更多变量，如社交关系、地理位置、设备类型等，来提升推荐效果。这要求媒体机构更加深入地理解平台规则，并灵活调整策略。值得注意的是，算法推荐虽然能提高效率，但并非万能。过度依赖可能导致原创性和多样性的缺失，因此，媒体还需要保持一定的独立性，不完全受制于平台算法。总之，深入了解平台特性和掌握算法推荐机制，可以帮助媒体机构更好地适应新媒体环境，优化传播策略，扩大影响力。

（二）用户群体特征

用户群体特征是新媒体新闻传播效果评估中不可忽视的因素之一。了解目标受众的特点，能够帮助媒体机构更精准地定位内容方向，制定有效的传播策略。首先，人口统计学特征是最基础也是最容易获取的信息，包括年龄、性别、职业、教育背景等因素。不同年龄段的人群对新闻内容的兴趣点往往有所区别，年轻人可能更关注娱乐、科技、时尚等领域，而中老年人则倾向于时政、经济、健康等内容。性别差异也会体现在消费习惯上，男性读者可能偏好体育赛事、军事动态，女性读者则可能更关心美容护肤、家庭生活等话题。职业和教育水平同样影响着人们的阅读偏好，高学历人群可能更注重学术研究和社会评论，而普通大众可能更喜欢轻松易懂的故事。除人口统计学特征外，心理和社会行为特征也非常重要。比如，价值观、生活方式、兴趣爱好等非量化因素可以揭示更为深层次的需求。一个热爱旅行的人可能会对各地风土人情的报道特别感兴趣；一位环保主义者则会关注生态保护方面的新闻。此外，社交媒体使用习惯也是重要考量之一。活跃于微博、抖音等平台的年轻人更容易接受短视频形式的内容；而习惯使用知乎、豆瓣等知识型社区的用户，则更愿意参与深度讨论。通过对用户群体特征的全面分析，媒体机构不仅可以确定哪些内容最受欢迎，还可以预测未来的趋势变化，提前布局热点话题。最后，建立用户画像数据库，定期进行更新和完善，确保数据的真实性和时效性。综上所述，深入了解用户群体特征，不仅有助于提高新闻传播的效果，还能增强用户体验，建立忠实的读者群体，实现长期稳定的发展。

（三）竞争环境与市场定位

在新媒体新闻传播领域，竞争环境与市场定位是决定传播效果的关键因素。面对日益激烈的市场竞争，媒体机构必须清晰地认识到自身的地位和优势，才能制定出有效的传播策略。首先，竞争环境是指同一行业内其他媒体的表现情况，包括市场份额、品牌知名度、内容特色等。了解竞争对手的优势和不足，可以帮助媒体找到差异化发展的路径。例如，在众多综合类新闻网站中脱颖而出，可以选择专注于某一特定领域，如财经、科技或文化，成为该领域的权威声音。这样做不仅能避免正面冲突，还能吸引特定的受众群体，形成自己的忠实粉丝群。其次，市场定位则是指媒体机构在目标受众心目中的形象和价值主张。明确的市场定位有助于树立独特的品牌形象，增强辨识度。一个好的市场定位应该基于对自身资源和能力的深刻认识，以及对市场需求的准确把握。例如，一家小型地方电视台如果试图与国家级大台竞争，显然是不现实的；但如果将其定位为本地生活的贴心伙伴，提供贴近民生的服务信息，就有可能获得成功。此外，随着新媒体技术的不断发展，跨界融合成为一种新趋势。传统媒体与互联网企业之间的界限越来越模糊，许多媒体开始涉足电商、直播带货等领域，拓展收入来源的同时也丰富了内容形态。在这种情况下，媒体机构需要不断创新，寻找新的增长点，保持竞争优势。值得注意的是，良好的竞争环境必然要求媒体之间保持健康的竞争关系，遵守行业规范，共同维护市场秩序。只有这样，整个行业才能健康发展，为用户提供更多优质的选择。总之，正确分析竞争环境并确立合理的市场定位，是新媒体新闻传播取得良好效果的基础，也是媒体机构在变幻莫测的市场中立于不败之地的重要保障。

三、外部环境因素

（一）社会文化背景

社会文化背景对新媒体新闻传播效果有着深远的影响，它不仅塑造了受众的认知模式和价值取向，还影响着信息的接受度和传播方式。首先，不同的社会文化背景下，人们对新闻内容的兴趣点和关注焦点会有所不同。例如，在西方国家，个人主义文化盛行，公众更倾向于关注个体成就、隐私保护和社会公平等话题；而在东方国家，集体主义价值观更为突出，家庭、社区和社会和谐往往成为新闻报道的重要主题。这种差异要求媒体机构在策划内容时充分考虑目标受众的文化背景，以确保信息能够引起共鸣。其次，宗教信仰也是社会文化的一部分，它深刻地影响着人们的思维方式和行为准则。某些地区或民族可能对特定类型的新闻持保留态度，甚至完全排斥。因此，媒体在处理敏感话题时需要格外谨慎，避免触及禁忌，引发不必要的争议。此外，历史传统同样不可忽视。一个国家或地区的过去经历会影响其当下对待新闻的态度。比如，在经历过重大历史事件的地方，有关该事件的纪念性报道往往会受到特别关注。同时，流行文化如电影、音乐、文学作品等也对新闻传播产生影响。它们可以通过创造共同的话题和情感纽带，促进信息的快速扩散。值得注意的是，随着全球化进程的加快，不同文化之间的交流日益频繁，这既带来了机遇也带来了挑战。一方面，跨文化交流为新媒体提供了丰富的素材，促进了多元文化的融合；另一方面，文化冲突也可能导致误解和偏见。为了应对这种情况，媒体机构应加强国际合作，增进相互理解，共同推动全球新闻传播事业的发展。最后，社会变迁也是一个重要因素。快速变化的社会结构和技术进步不断重塑人们的日常生活，同时也改变了新闻消费的习惯。例如，年青一代更加依赖移动设备获取信息，而老年人则可能更习惯传统媒体。总之，深入研究社会文化背景，可以帮助媒体更好地把握受众心理，提高新闻传播的效果，实现信息的有效传递。

（二）法律法规与政策导向

法律法规与政策导向是新媒体新闻传播环境中至关重要的外部因素，它们为新闻活动设定了基本框架，并直接影响着传播的内容和形式。首先，法律体系明确规定了新闻自由的边界，保障了公民的知情权和表达权。然而，各国对于新闻自由的理解和实践存在差异，一些国家通过宪法和专门立法给予媒体广泛的报道空间，而另一些国家则设置了较为严格的限制。在这种情况下，媒体机构必须严格遵守所在国的法律法规，确保自身行为合法合规。特别是在涉及国家安全、社会稳定和个人隐私等领域时，更需谨慎行事。其次，政策导向反映了政府对新闻行业的期望和支持方向。积极的政策可以为媒体发展提供良好的环境，如税收优惠、资金扶持、技术创新鼓励等；反之，消极的政策可能会增加运营成本，限制发展空间。近年来，许多国家出台了支持新媒体发展的政策措施，旨在促进媒体融合和技术升级。例如，中国政府提出的“互联网+”行动计划，推动了传统媒体与新兴媒体的深度融合；欧盟推出的《数字单一市场战略》，致力于打造开放、透明的数字环境。此外，随着网络空间治理的加强，相关法规也在不断完善。网络安全法、数据保护条例等法律文件的出台，为个人信息安全和网络秩序维护提供了坚实的法律基础。这些法规不仅规范了媒体的行为，还为用户权益提供了有效保障。值得注意的是，国际合作与交流也在逐渐增多。跨国界的新闻传播需要遵循国际公约和双边协定，如《世界人权宣言》中关于言论自由的规定，《中美媒体合作协议》中的互惠互利条款等。总之，法律法规与政策导向为新媒体新闻传播提供了明确的规则指引和发展路径，媒体机构只有紧跟政策步伐，依法依规开展工作，才能在复杂的环境中保持竞争力，实现可持续发展。

（三）技术发展水平

技术发展水平是新媒体新闻传播效果的关键驱动因素之一，它不仅改变了信息生产和分发的方式，还重新定义了用户体验和互动模式。首先，互联网技术和移动通信的进步极大地拓宽了新闻传播的渠道和范围。高速宽带网络和5G技术的应用，使得视频直播、高清图像传输成为可能，大大提升了信息传递的速度和质量。与此同时，智能手机和平板电脑的普及，让随时随地获取新闻变得轻而易举。这种便捷性和即时性不仅满足了用户的碎片化阅读需求，还促进了信息的广泛传播。其次，大数据分析和人工智能技术为个性化推荐系统奠定了基础。通过收集和处理海量用户数据，平台可以深入了解每个人的偏好，精准推送用户感兴趣的内容。这种定制化的服务不仅提高了用户的满意度，还增强了黏性。此外，自然语言处理（NLP）、机器学习等技术的发展，使得自动化写作工具逐渐成熟，能够在短时间内生成大量高质量的文章。虽然目前这类工具主要用于撰写简短新闻或报告，但未来有望承担更多复杂任务。值得注意的是，虚拟现实和增强现实技术正在开启全新的沉浸式体验时代。利用这些技术，用户不仅可以观看新闻，还可以身临其境般地感受事件发生的场景。

第三节 新媒体新闻传播效果提升策略

一、优化内容生产

（一）强化内容策划与编辑

在新媒体环境下，强化内容策划与编辑是提升新闻传播效果的重要手段。优秀的策划和精心的编辑能够确保内容既具有深度又贴近读者需求，从而增强信息的吸引力和影响力。首先，内容策划需要基于对目标受众的深入理解。通过数据分析和市场调研，了解读者的兴趣点、痛点以及未被满足的需求，为选题提供科学依据。例如，针对年青一代，可以策划更多关于科技创新、生活方式和社会热点的内容；对于中老年群体，则可以聚焦健康养生、文化传承等领域。同时，要注重话题的时效性和社会价值，及时捕捉并报道重大事件或趋势变化，使内容保持新鲜感和相关性。其次，在编辑过程中，应严格把控质量关。这不仅包括语言表达的准确性、逻辑结构的合理性，还涉及事实核查、版权保护等方面。高质量的编辑工作可以帮助消除错误信息，增强内容可信度，树立良好的品牌形象。此外，多媒体元素的应用也为编辑带来了新的挑战和机遇。图片、视频、音频等可视化材料可以丰富文章的表现形式，增加互动性和趣味性。但需要注意的是，这些元素必须与文字内容相辅相成，避免喧宾夺主。最后，团队协作在内容策划与编辑中扮演着关键角色。跨部门合作可以整合各方资源，形成合力。例如，编辑部可以与技术部门合作开发互动式图表，或者与市场营销团队联手打造专题活动。总之，通过不断优化内容策划与编辑流程，媒体机构能够在激烈的竞争中脱颖而出，吸引更多的忠实读者，实现更好的传播效果。

（二）提高信息质量与真实性

提高信息质量与真实性是新媒体新闻传播的核心要求之一，它直接关系到媒体的公信力和社会责任感。在信息爆炸的时代，虚假新闻和不实信息层出不穷，给公众带来了困扰，也损害了媒体的形象。因此，媒体机构必须采取有效措施，确保每一篇报道都经得起检验。一方面，要加强内部审核机制建设，从源头上杜绝问题。建立严格的采编流程，明确各环节的责任人，实行多级审核制度，确保每一条信息都经过认真核实。特别是在处理敏感话题时，应当多方求证，引用权威数据源，并保留原始资料以备查证。另一方面，培养专业的记者队伍至关重要。记者不仅是信息的记录者，更是真相的追寻者。他们需要具备扎实的专业知识、敏锐的社会洞察力和严谨的工作态度。定期组织培训，更新业务技能，鼓励独立思考和批判精神，有助于提高整体素质。此外，利用先进技术手段也是提升信息质量的有效途径。大数据分析可以帮助发现潜在的问题线索，区块链技术可用于溯源验证，人工智能则可以在海量信息中快速筛选有价值的内容。值得注意的是，媒体还需要建立信息公开机制，主动接受社会监督。当出现争议或质疑时，及时回应澄清，展现负责任的态度。长期来看，只有始终坚持真实准确的原则，才能赢得受众的信任和支持，为新媒体的发展奠定坚实的基础。总之，通过不断提高信息质量与真实性，媒体不仅可以维护自身的声誉，还能为构建和谐稳定的社会环境贡献力量。

（三）创新表现形式与用户体验

创新表现形式与用户体验是新媒体新闻传播效果提升的关键策略之一。随着技术的进步和用户需求的变化，传统的文本报道已难以满足现代读者的期望。为了吸引更多受众，媒体机构需要不断探索新的表现形式，改善用户体验。首先，多媒体融合成为趋势。将文字、图片、音频、视频等多种元素有机结合，创造出丰富多彩的内容形态。例如，短视频因其直观生动的特点，深受年轻人喜爱；而长篇图文则适合详细阐述复杂议题。此外，虚拟现实、增强现实等沉浸式技术的应用，为用户带来了前所未有的感官体验。通过这些新技术，读者不仅可以观看新闻，还可以“走进”新闻现场，感受事件的真实氛围。其次，交互性设计增强了用户的参与感。评论区、点赞按钮、分享功能等常规设置固然重要，但更进一步的是引入互动式内容，如在线投票、问答游戏、实时聊天室等。这类形式可以让用户在获取信息的同时，表达自己的观点，与其他读者交流讨论，甚至影响后续报道的方向。再次，个性化推荐系统提升了服务精准度。借助大数据分析和机器学习算法，平台可以根据用户的浏览历史、兴趣爱好等特征，推送定制化的新闻内容。这种量身定做的服务模式不仅提高了用户满意度，还延长了停留时间。最后，移动端优化不可忽视。考虑到大多数用户通过手机访问新闻，确保网站和应用程序的响应速度、界面友好性和操作便捷性至关重要。简洁明了的设计风格、适配不同屏幕尺寸的功能布局、一键式的快捷操作，都是提升用户体验的有效措施。总之，不断创新表现形式与优化用户体验，可以使新媒体新闻更加贴近人心，吸引更多受众，巩固市场地位，实现长远发展。

二、增强互动交流

（一）建立有效的沟通渠道

在新媒体环境中，建立有效的沟通渠道是提升新闻传播效果和用户参与度的关键策略之一。通过搭建多样化的互动平台，媒体机构能够与读者建立更加紧密的联系，促进信息的双向流动。首先，社交媒体平台如微博、微信公众号、抖音等，已经成为不可或缺的沟通工具。这些平台不仅拥有庞大的用户基础，还提供了丰富的互动功能，如评论区、私信、话题标签等。媒体可以通过发布内容吸引关注，及时回复用户的留言和提问，形成良好的互动氛围。此外，直播技术的应用也为实时沟通创造了条件。例如，在重要事件发生时，记者可以现场连线，解答观众疑问，分享最新进展，增强了新闻的真实性和即时性。其次，专门的社区论坛也是重要的沟通渠道之一。这类平台通常围绕特定主题或兴趣点聚集了大量活跃用户，为深入讨论提供了空间。媒体机构可以在论坛上开设官方账号，定期发布独家内容，组织专题活动，甚至邀请专家进行在线讲座，增进与用户的交流。同时，电子邮件列表也是一种传统但有效的沟通方式。虽然看似简单，但它能精准地触达目标受众，传递个性化的内容和服务信息。对于订阅者来说，收到一封精心编写的邮件往往是一种愉悦的体验。值得注意的是，随着移动互联网的发展，应用程序内消息推送逐渐成为主流。这种形式可以直接将通知发送到用户的手机屏幕上，提醒他们关注最新的新闻动态或参与互动活动。为了确保推送内容的有效性，媒体需要根据用户的行为数据进行精准定位，避免过度打扰。最后，线下活动也不容忽视。举办见面会、研讨会、粉丝聚会等活动，可以让用户感受到媒体的真实存在，增强归属感。总之，通过多渠道并行的方式，媒体机构能够全方位地覆盖不同类型的用户，提供个性化的互动体验，从而提高用户的黏性和忠诚度。

（二）鼓励用户生成内容（UGC）

鼓励用户生成内容（UGC）是新媒体新闻传播中一项极具潜力的战略。UGC 不仅丰富了内容来源，增加了多样性，还能激发用户的创造力和参与热情。首先，UGC 有助于填补专业记者难以触及的领域。普通民众往往是最初见证者，他们拍摄的照片、录制的视频、撰写的日记等，都是宝贵的信息资源。例如，在突发事件发生时，附近居民提供的现场资料可能比官方报道更为及时和真实。因此，媒体机构应积极引导用户分享自己的经历和见解，形成一个开放共享的信息生态系统。其次，UGC 可以降低内容生产的成本和门槛。相比雇佣大量专业人员，动员广大用户参与内容创作，既经济又高效。许多成功的自媒体案例证明，只要给予适当的激励和支持，任何人都有可能成为优秀的创作者。为此，媒体可以设立奖励机制，如最佳贡献奖、最受欢迎作者等称号，并提供实物奖品或现金奖励。同时，创建易于使用的创作工具和平台也至关重要。简洁明了的操作界面、自动保存功能、一键发布的便捷性，都能大大提高用户的参与意愿。此外，UGC 还促进了社群文化的建设。当用户看到自己的作品被展示或认可时，会产生强烈的成就感和归属感。这反过来又会吸引更多人加入创作队伍，形成良性循环。为了维护 UGC 的质量和规范，媒体还需要制定明确的规则和审核流程。一方面，要尊重原创版权，保护作者权益；另一方面，也要防止虚假信息和不当内容的传播。总之，通过积极鼓励用户生成内容，媒体机构不仅可以获得源源不断的优质素材，还能建立起一个充满活力和创造力的用户社区，实现双赢局面。

（三）响应用户需求与意见

响应用户需求与意见是新媒体新闻传播中不可或缺的一环，它直接关系到用户体验和媒体公信力。在快速变化的数字时代，及时回应用户的反馈和建议，能够有效提升用户的满意度和忠诚度。首先，倾听用户的声音是第一步。媒体机构应建立多种反馈渠道，如在线问卷、客服热线、社交媒体评论区等，方便用户表达他们的想法。更重要的是，要认真对待每一条意见，无论是正面还是负面的评价，都值得仔细分析。对于建设性的批评，应当虚心接受并迅速采取改进措施；对于误解或质疑，则要及时澄清事实，展现负责任的态度。其次，个性化服务是提高响应效率的重要手段。借助大数据分析技术，媒体可以根据用户的浏览历史、兴趣爱好等特征，预测其潜在需求，提前准备相关内容或解决方案。例如，当发现某位读者经常关注某一类话题时，可以为其推荐相关的深度报道或专家解读。此外，智能客服系统的应用也为快速响应提供了技术支持。通过自然语言处理（NLP）和机器学习算法，机器人可以自动识别常见问题并给出准确答案，大大缩短了等待时间。值得注意的是，除技术层面的努力外，人性化的情感交流同样重要。当用户遇到困难或不满时，一句温暖的问候、真诚的道歉往往能起到意想不到的效果。长期来看，建立用户信任是一项系统工程。媒体不仅要做到言出必行，兑现承诺，还要持续优化服务流程，不断超越用户的期望。例如，定期举办用户座谈会，听取一线声音；开展满意度调查，了解实际效果；设立投诉处理专员，确保问题得到妥善解决。总之，积极响应用户的需求与意见，媒体机构能够在激烈的竞争中脱颖而出，赢得更多忠实粉丝的支持，实现更好的传播效果和社会价值。

三、利用数据分析

（一）实时监控与调整策略

在新媒体新闻传播中，实时监控与调整策略是确保内容及时性和相关性的关键。通过先进的数据分析工具和技术，媒体机构能够迅速捕捉信息流动的趋势和用户反馈的变化，从而做出灵活应对。首先，实时监控系统可以跟踪新闻报道的发布后表现，包括页面浏览量（PV）、独立访客数（UV）、点赞数、评论数、转发数等关键指标。这些数据不仅反映了文章的受欢迎程度，还揭示了用户的兴趣点和行为模式。例如，如果一篇关于科技发展的文章突然获得了大量关注，媒体可以分析其特点，如标题吸引力、内容深度、配图质量等，总结成功的经验，并应用于其他类似主题的报道。其次，社交媒体平台提供了丰富的互动数据，如话题热度、关键词频率、情感倾向等。通过对这些数据的深入挖掘，媒体可以了解公众对特定事件的态度和情绪反应，进而调整报道的角度和重点。比如，在处理敏感话题时，可以根据网民的情绪波动适时发布安抚性或解释性的内容，缓解紧张气氛。此外，实时监控还包括对竞争对手动态的关注。通过对比不同媒体在同一时间段内的表现，可以发现自身的优势和不足，学习优秀的做法，避免重复错误。值得注意的是，除外部环境的变化外，内部运营情况同样需要密切监视。包括编辑团队的工作效率、内容审核的速度、技术系统的稳定性等都会影响传播效果。为此，建立一套完善的绩效评估体系，定期审查各项工作的完成情况，以便发现问题及时改进。最后，实时监控的意义不仅仅在于发现问题，更在于快速响应。一旦监测到异常情况，如流量骤降、负面评论增多等，应立即启动应急预案，采取有效措施进行补救。例如，组织专家撰写权威解读，邀请当事人澄清事实，或者发起互动活动转移注意力。总之，通过持续不断的实时监控与策略调整，媒体机构能够在瞬息万变的新媒体环境中保持敏锐度和灵活性，始终站在舆论前沿，实现更好的传播效果。

（二）个性化推荐与精准营销

个性化推荐与精准营销是新媒体新闻传播提升用户体验和商业价值的重要手段。借助大数据分析和人工智能技术，媒体机构能够为每位用户提供定制化的内容和服务，同时最大化广告投放的效果。首先，个性化推荐系统的核心在于理解用户的偏好。通过收集用户的浏览历史、收藏记录、搜索关键词等行为数据，结合人口统计学特征和社会网络关系，构建详细的用户画像。基于此，推荐算法可以预测用户可能感兴趣的内容，推送符合其口味的文章、视频或其他形式的信息。这种个性化的服务模式不仅提高了用户的满意度，还能延长他们在平台上停留的时间，增加参与度。其次，精准营销则是在个性化推荐的基础上进一步拓展应用范围。对于广告主来说，精准定位目标受众意味着更高的投资回报率（ROI）。通过分析用户的消费习惯、购买意向以及地理位置等因素，媒体可以将广告精确地投放给最有可能感兴趣的用户群体。例如，一家高端电子产品品牌可以选择向年轻白领阶层推送新品发布会的消息；而一家母婴用品公司则更适合针对有小孩的家庭进行推广。此外，机器学习技术的应用使得个性化推荐和精准营销更加智能化。随着时间的推移，系统会不断优化自身的推荐模型，根据用户的反馈自动调整参数，提供越来越准确的结果。值得注意的是，个性化推荐和精准营销并非孤立存在，而是相辅相成的关系。一方面，优质的推荐内容可以增强用户对平台的信任感，提高他们接受广告的可能性；另一方面，合理的广告插入方式不会打扰用户的阅读体验，反而能为其提供更多有价值的信息。为了实现这一目标，媒体还需要注重隐私保护，确保用户数据的安全性和合法性。总之，充分利用数据分析技术，媒体机构能够在激烈的市场竞争中脱颖而出，既满足了用户的个性化需求，又为广告客户提供了高效的营销解决方案，实现双赢局面。

（三）预测趋势与引导话题

预测趋势与引导话题是新媒体新闻传播中不可或缺的战略举措。通过数据分析，媒体机构能够提前洞察社会热点和发展方向，主动设置议程，引领舆论导向。首先，预测趋势的基础是对海量信息的全面掌握。利用文本挖掘、自然语言处理（NLP）等技术，可以从新闻报道、社交媒体帖子、论坛讨论等多个渠道获取最新的动态，识别出潜在的趋势苗头。例如，当某个新兴行业频繁出现在各种场合时，可能是该领域即将爆发的信号；而某些词汇或短语的使用频率突然上升，则暗示着新的潮流正在形成。基于这些线索，媒体可以策划相关的专题报道，抢占先机。其次，引导话题的能力体现了媒体的社会责任感和影响力。面对复杂多变的社会现象，媒体不仅要如实反映现状，还要积极提出建设性的意见和建议。这要求编辑团队具备敏锐的问题意识和深刻的分析能力，善于从纷繁复杂的表象中提炼出核心议题。例如，在环保问题日益受到关注的情况下，媒体可以围绕“绿色生活”“可持续发展”等主题展开系列报道，倡导公众行动起来共同保护地球家园。此外，社交平台上的互动也为话题引导提供了新途径。通过发起投票、征集观点、举办线上辩论等方式，媒体可以激发用户的参与热情，形成广泛的讨论氛围。值得注意的是，预测趋势和引导话题并非简单的猜测和强加，而是基于科学方法和实证研究。媒体需要密切关注政策变化、经济形势、科技进步等因素的影响，结合专家意见和历史经验，制定合理的发展规划。同时，也要尊重民意，倾听不同声音，避免片面或极端的观点。总之，通过有效的趋势预测和话题引导，媒体机构不仅能够更好地服务于社会大众，还能树立良好的品牌形象，赢得更多的信任和支持，推动整个行业健康发展。

四、加强合作与联盟

（一）跨平台合作与资源共享

在新媒体环境下，跨平台合作与资源共享是提升新闻传播效果和扩大影响力的重要策略。通过整合不同平台的优势资源，媒体机构能够实现内容的多渠道分发，吸引更多受众，并优化用户体验。首先，跨平台合作可以打破信息孤岛，促进内容的广泛传播。例如，一家传统报纸可以通过与社交媒体平台的合作，将纸质版的文章转化为适合移动端阅读的形式，如短视频、图文并茂的消息卡片等，借助微博、微信公众号等平台的强大用户基础，迅速扩大曝光率。同时，视频网站、音频平台等也可以成为重要的合作伙伴，为用户提供更加丰富的多媒体体验。其次，资源共享不仅限于内容层面，还包括技术、人才、设备等方面的支持。比如，一些大型互联网公司拥有先进的数据分析工具和技术团队，它们可以为媒体提供精准的用户画像和个性化推荐服务；而中小型媒体则可能具备独特的地域优势或专业领域专长，双方可以通过合作互补短板，共同成长。此外，跨平台合作还可以带来新的商业模式。例如，联合举办线上线下相结合的活动，如直播访谈、粉丝见面会等，既能增加互动性，又能创造额外的收入来源。为了确保合作顺利进行，建立有效的沟通机制至关重要。定期召开协调会议，明确各方的责任和义务，制定统一的工作流程和标准，有助于提高协作效率。值得注意的是，随着5G、物联网等新技术的发展，未来跨平台合作的形式将更加多样化。例如，智能家居设备、可穿戴装置等新兴终端将成为新的传播节点，媒体需要提前布局，探索与其适配的内容和服务模式。总之，通过积极寻求跨平台合作与资源共享，媒体机构可以在复杂多变的新媒体环境中保持竞争力，实现互利共赢的局面。

（二）行业内外部的合作项目

行业内外部的合作项目是新媒体新闻传播中不可或缺的战略组成部分。通过与同行及其他领域的组织建立合作关系，媒体机构不仅能够获取更多的资源和支持，还能开拓创新思路，推动行业发展。首先，在行业内，媒体之间的合作可以形成合力，共同面对挑战。例如，针对虚假信息泛滥的问题，多家媒体可以联合发起“真相守护计划”，共同打击谣言，维护网络环境的健康。同时，通过共享编辑资源和技术平台，减少重复劳动，提高工作效率。此外，还可以合作开展大型报道项目，如跨国界的深度调查，集合各地记者的力量，深入挖掘问题本质，提供更全面的视角。其次，与其他行业的合作则为新媒体带来了更多可能性。科技企业是重要的合作伙伴之一。与人工智能、大数据分析等前沿技术公司的合作，可以帮助媒体提升数据处理能力和智能化水平。例如，利用自然语言处理（NLP）技术自动撰写简短新闻或报告，或者通过机器学习算法优化广告投放效果。此外，教育、文化、娱乐等领域也提供了丰富的合作机会。与高校合作设立研究基地，培养专业的新闻人才；与博物馆、剧院等文化机构联合策划专题展览或演出活动；与影视制作公司共同开发纪录片、综艺节目等形式多样的内容产品。这些跨界合作不仅可以丰富媒体的内容形态，还能增强其社会影响力。最后，政府和社会组织的支持也是不可忽视的力量。参与公益项目、响应政策号召，既履行了社会责任，又树立了良好的品牌形象。例如，当重大灾害发生时，媒体可以配合政府部门发布救援信息，指导公众采取正确的自救措施；或者与环保组织合作推广绿色生活方式，倡导可持续发展。总之，通过积极开展行业内外部的合作项目，媒体机构能够在资源整合、技术创新和社会责任等方面取得突破，实现自身的长远发展，同时也为整个行业注入新的活力。

（三）建立战略合作伙伴关系

建立战略合作伙伴关系是新媒体新闻传播中的一项长期战略，旨在通过深度合作实现资源共享、优势互补和共同发展。这种关系超越了一般的业务往来，涉及更高层次的战略规划和协同运作。首先，选择合适的战略伙伴至关重要。理想的合作伙伴应具备以下特点：一是具有相似的价值观和使命，能够在长期合作中保持一致的方向；二是拥有互补的核心竞争力，如一方擅长内容创作，另一方则在技术开发方面见长，二者结合可以创造出更具竞争力的产品和服务；三是具备良好的市场声誉和社会责任感，这有助于提升双方的品牌形象。一旦确定了潜在的合作伙伴，就需要进行充分的沟通和协商，明确合作的目标、范围和方式。签订正式协议，规定各自的权益和义务，确保合作过程中的透明度和公平性。其次，战略合作不仅是资源的简单叠加，更重要的是产生协同效应。通过联合研发新产品、共同开拓新市场等方式，双方可以在各自的基础上实现更大的飞跃。例如，一家新闻媒体与一家电商平台合作推出定制化的资讯服务，根据用户的购物习惯推送相关商品信息，既满足了用户的个性化需求，又为商家创造了销售机会。此外，战略合作还强调长期性和稳定性。随着时间的推移，双方的信任度逐渐加深，合作形式也会不断拓展。从最初的内容共享、技术支持，到后来的资本投入、品牌共建，最终形成全方位、多层次的合作格局。值得注意的是，成功的战略合作伙伴关系需要持续的投入和管理。定期评估合作效果，及时调整策略，解决出现的问题，确保合作关系始终处于最佳状态。同时，也要关注外部环境的变化，灵活应对市场趋势和技术进步带来的新挑战。总之，通过精心构建和维护战略合作伙伴关系，媒体机构不仅能够获得更多的资源和发展机遇，还能在激烈的竞争中保持领先地位，实现可持续发展的目标。

第六章　新媒体新闻伦理与法规

第一节　新媒体新闻伦理问题的多维审视

一、新媒体环境下的伦理挑战

（一）信息过载与虚假新闻

1. 虚假新闻的传播机制

在新媒体环境中，虚假新闻的传播机制呈现出复杂且快速的特点。首先，社交媒体平台和即时通信工具为虚假信息提供了便捷的传播渠道。这些平台上的用户可以轻松地分享链接、图片或视频，而无须经过严格的审核流程。一旦虚假内容被发布，它可以通过用户的社交网络迅速扩散，形成病毒式传播。其次，算法推荐系统也在无意中助长了虚假新闻的蔓延。为了提高用户参与度，平台倾向于推送那些能引起强烈情感反应的内容，如愤怒、惊讶等情绪化文章往往更容易获得高点击率，这使得一些不实信息得以优先展示。此外，某些不良分子利用自动化机器人（bots）大量转发特定消息，制造出虚假的热度效应，误导普通网民。值得注意的是，虚假新闻还可能借助深度伪造技术（deepfake），通过合成图像、音频甚至视频来伪造事实，增加了识别难度。面对这种情况，媒体机构和个人都需要增强辨别能力，同时，政府和平台也应加强对信息发布者的监管力度，建立有效的核实机制，确保信息的真实性。

2. 对社会信任的影响

虚假新闻不仅扰乱了正常的信息流通秩序，更对社会信任造成了深远影响。一方面，公众对于媒体的信任度大幅下降。当人们频繁接触到不准确或歪曲事实的报道时，他们开始怀疑所有来源的信息，导致整体舆论环境恶化。长此以往，这种不信任感会削弱传统媒体的权威性和公信力，使真正有价值的新闻难以得到应有的重视。另一方面，虚假新闻破坏了人与人之间的信任关系。尤其是在涉及个人隐私或敏感话题时，错误信息容易引发不必要的恐慌和误解，加剧社会矛盾。例如，在公共卫生事件发生时，关于疫情的谣言可能导致民众抢购囤积物资，影响社会稳定；而在政治选举过程中，虚假宣传可能左右选民意见，损害民主进程。因此，打击虚假新闻不仅是维护新闻行业健康发展的问题，更是关乎整个社会和谐稳定的大事。为了重建社会信任，各方需要共同努力，从立法、执法到教育等多个层面采取措施，营造一个健康透明的信息生态。

（二）隐私权保护与数据安全

1. 用户数据的收集与使用

在新媒体时代，用户数据的收集与使用成为一个备受关注的话题。随着互联网服务的普及，各类平台和应用程序不断积累着海量的个人信息，包括但不限于姓名、联系方式、地理位置、浏览历史等。这些数据为企业提供了宝贵的价值，用于个性化推荐、精准营销等活动。然而，过度的数据采集引发了诸多争议。首先，部分应用在未经明确同意的情况下获取过多权限，侵犯了用户的知情权和选择权。例如，某些手机 App 要求访问通信录、相机等功能，却未充分解释其必要性。其次，数据使用的透明度不足也是一个重要问题。很多情况下，用户并不清楚自己的信息究竟被用作什么目的，以及是否会被转卖给第三方。这不仅违反了基本的商业道德，还埋下了潜在的安全隐患。为了保障用户权益，媒体和技术公司应当遵循“最小化原则”，只收集必要的数据，并公开详细的隐私政策。同时，还需要建立健全的数据管理体系，确保信息安全存储和合法利用，防止滥用现象的发生。总之，合理规范用户数据的收集与使用，是构建可信数字环境的基础，也是新媒体发展必须遵守的基本准则。

2. 隐私泄露的风险及后果

隐私泄露是新媒体环境中一个严重的问题，它给个人和社会带来了不可忽视的风险和后果。首先，个人信息一旦泄露，可能导致身份盗窃、金融诈骗等直接经济损失。黑客攻击、内部人员违规操作或者数据传输过程中的疏忽都可能造成敏感信息外泄。例如，信用卡号码、身份证件复印件等重要资料落入不法分子手中后，受害者可能会遭受严重的财产损失。其次，隐私泄露还会对个人生活产生负面影响。家庭住址、电话号码等私密信息曝光后，骚扰电话、垃圾邮件甚至人身威胁将接踵而至，严重影响人们的日常生活质量。此外，职业声誉也可能因此受损，特别是对于公众人物而言，私人生活的暴露往往会引发舆论风波，干扰其职业生涯。从社会层面看，大规模的隐私泄露事件会动摇公众信心，破坏网络空间的安全感。为了避免这些问题的发生，除加强法律法规建设外，媒体和技术企业还需强化自身的安全防护措施，定期进行漏洞检测和风险评估，及时修补安全隐患。同时，提高用户自我保护意识同样重要，倡导良好的上网习惯，如设置强密码、谨慎授权等，共同维护网络安全环境。

（三）言论自由与责任边界

1. 网络暴力与舆论审判

网络暴力和舆论审判是新媒体环境下言论自由面临的两大挑战。在网络平台上，匿名性和低门槛使得一些人敢于发表极端或恶意言论，随意对他人进行无端指责、侮辱诽谤甚至人身攻击。这种行为不仅伤害了受害者的心理和名誉，还在一定程度上扭曲了公共讨论的方向。网络暴力通常表现为集体围攻某一对象，通过评论区、私信等方式施加压力，迫使对方改变观点或退出对话。舆论审判则是指未经正式司法程序，公众在网络上对某人或某事做出定性评价，甚至呼吁惩罚。这类现象之所以频发，部分原因是网络空间缺乏有效的监督机制，加之某些热点事件容易激发群体情绪，导致理性思考被淹没。为了遏制网络暴力和不当舆论审判，社会各界需要共同努力。媒体机构应发挥正面引导作用，倡导文明交流，避免煽动对立情绪；同时，平台方要加强内容审核，及时处理违规信息，设立举报通道并给予反馈。此外，也应完善相关法律规定，明确网络言行的责任边界，加大对违法行为的惩处力度，从而营造一个健康有序的网络环境。

2. 极端言论的管控

极端言论的管控是新媒体新闻伦理中另一个亟待解决的问题。所谓极端言论，指的是那些带有明显偏见、仇恨色彩或者鼓吹暴力、恐怖主义等内容的表达。这类言论不仅违背了基本的社会价值观，还可能引发现实世界中的冲突和暴力事件。在开放的互联网环境中，极端思想很容易找到传播土壤，特别是在一些封闭的小圈子内，参与者相互影响，逐渐激进化。因此，如何有效管控极端言论成为维护社会稳定的重要任务。一方面，政府和相关机构要加强对不良信息的监测和拦截，利用大数据分析、人工智能等技术手段及时发现并删除有害内容；另一方面，教育和宣传工作也不可或缺。通过普及正确的价值观念，培养批判性思维，帮助公众树立正确的世界观、人生观和价值观，从根本上抵制极端思想的侵蚀。此外，媒体自身也要承担起社会责任，坚持客观公正的原则，拒绝为极端势力提供发声平台。总之，只有多方协作，才能构建起一道坚实的防线，防止极端言论在网络空间泛滥成灾，保护广大网民免受其害。

二、伦理原则在新媒体中的应用

（一）真实性与客观性

1. 内容核实的重要性

在新媒体环境中，内容核实是确保新闻真实性和可信度的关键步骤。随着信息传播速度的加快和渠道的多样化，未经核实的信息容易迅速扩散，导致虚假新闻泛滥。因此，媒体机构必须建立严格的内容核实机制，从源头上杜绝错误信息的产生。首先，记者应具备严谨的态度和专业的素养，在采访过程中尽量获取一手资料，避免依赖不可靠的消息来源。对于重要事实，如统计数据、官方声明等，应当多方求证，确保其准确无误。其次，编辑团队需要发挥“守门人”的作用，对稿件进行全面审查，包括语言表达、逻辑结构以及引用材料的真实性。现代技术手段也为内容核实提供了有力支持，例如利用区块链技术进行信息溯源，通过大数据分析识别潜在的风险点。此外，媒体还可以设立专门的事实核查部门或合作机构，定期发布辟谣报告，增强公众的信任感。值得注意的是，内容核实不仅是防止虚假信息的问题，更是维护新闻行业职业道德和社会责任感的重要体现。通过严格的核实流程，媒体能够为读者提供可靠的信息，促进社会的健康发展。总之，只有不断强化内容核实意识和技术能力，才能在复杂多变的新媒体环境中保持权威性和公信力。

2. 报道偏见的避免

避免报道偏见是实现新闻客观性的基本要求之一。在新媒体时代，由于信息源广泛且复杂，加上算法推荐等因素的影响，偏见可能以多种形式出现，影响公众的认知。首先，媒体应坚持独立采编的原则，不受商业利益或其他外部因素干扰。这意味着在处理敏感话题时，不能因为广告客户的要求而改变立场，也不能为了追求点击率而偏向某些特定观点。其次，编辑和记者在工作中要时刻保持中立态度，尽量呈现多元化的视角。对于争议性事件，应该采访各方当事人，收集不同意见，并在报道中给予平等展示的机会。同时，语言的选择也非常重要。使用中性词汇代替带有情感色彩的词语，可以减少主观倾向带来的误导。为了避免潜意识中的偏见，媒体机构还可以引入第三方审核机制，邀请外部专家对重大选题进行评估，确保报道的全面性和公正性。最后，媒体自身也要积极开展自我反省，定期检查是否存在系统性的偏见问题，并采取相应措施加以改进。总之，通过建立健全的制度和规范操作流程，媒体可以在最大程度上避免报道偏见，为公众提供客观真实的新闻服务。

（二）公平与公正

1. 平衡各方利益

在新媒体新闻传播中，平衡各方利益是一项重要的伦理原则。

面对复杂的现实情况，媒体需要在众多利益相关者之间找到合理的平衡点，既保护公共利益，又尊重个体权益。首先，媒体应树立正确的价值观导向，始终将社会效益放在首位。在报道经济纠纷、环境保护等议题时，不仅要关注企业的经营状况和发展需求，还要考虑消费者权益、劳动者福利以及生态环境的可持续性。其次，媒体要善于倾听不同的声音，尤其是弱势群体的心声。当涉及劳动争议、社会救助等问题时，记者应该深入基层，了解普通民众的真实诉求，帮助他们发声。此外，媒体还需要注重长远利益，而不仅仅是眼前的热点。例如，在报道科技创新成果时，除了宣传成功的案例，还应对失败的经验进行总结反思，以此推动整个行业的进步。为了更好地实现利益平衡，媒体可以搭建对话平台，组织各方代表进行交流讨论，寻求共识。同时，媒体自身也要不断提高专业水平，增强判断力和决策能力，确保每一次报道都能经得起时间和历史的检验。总之，通过平衡各方利益，媒体不仅能够履行社会责任，还能赢得社会各界的信任和支持，为构建和谐稳定的社会环境贡献力量。

2. 防止歧视和不公

防止歧视和不公是新媒体新闻伦理的核心要求之一。在一个多元化和包容性的社会里，媒体有责任消除任何形式的偏见和不平等现象，保障每个人的尊严和平等权利。首先，媒体应在内容创作过程中遵循平等原则，避免使用具有歧视性的语言或符号。无论是涉及种族、性别、宗教还是其他身份特征的话题，都应该用尊重和理解的态度来描述。例如，在报道移民问题时，不应使用负面刻板印象来形容某个国家或民族的人群；在介绍女性成就时，应突出她们的专业能力和贡献，而不是过分强调其外貌或家庭背景。其次，媒体要积极倡导多样性和包容性文化，鼓励不同背景的人参与公共事务。可以通过设置专栏、专题等形式，讲述各种族裔、性别群体的故事，展现其丰富多彩的生活画卷。此外，媒体还需要加强内部管理，制定明确的行为准则，禁止员工发表或传播歧视性言论。一旦发现此类行为，要及时严肃处理，树立良好的行业风气。为了提高公众的认识水平，媒体还可以开展宣传教育活动，普及相关知识，引导大家树立正确的观念。总之，通过一系列具体措施，媒体能够在新闻传播中有效防止歧视和不公，促进社会的和谐共融，营造一个更加公平正义的社会氛围。

（三）尊重与关怀

1. 对受访者的尊重

在新媒体新闻实践中，对受访者的尊重是不可或缺的伦理原则。每一名受访者都是故事的一部分，他们的经历和观点值得被认真对待。首先，记者在采访时应表现出充分的礼貌和耐心，尊重对方的时间安排和个人意愿。提前预约、说明采访目的，并确保受访者知情同意，这些都是基本的职业操守。对于一些特殊群体，如未成年人、受害者或心理创伤患者，更需要特别注意保护其隐私和安全。其次，媒体要尊重受访者的表达自由，不要强行引导或歪曲其原意。在撰写报道时，应如实记录受访者的陈述，避免断章取义或夸大其词。如果遇到模糊不清的地方，应及时向受访者确认，确保信息的准确性。此外，媒体还应考虑受访者的感受，避免过度曝光或引发不必要的麻烦。例如，当涉及个人隐私或敏感话题时，除非得到明确授权，否则不应公开受访者具体的姓名、住址等信息。为了更好地体现对受访者的尊重，媒体可以建立反馈机制，允许受访者查看最终报道并提出修改建议。这种做法既有助于提升报道质量，也能增进双方之间的信任关系。总之，通过对受访者的尊重，媒体能够在新闻传播中展现出人文关怀，赢得更多人的认可和支持。

2. 处理敏感话题

处理敏感话题时，媒体需要格外谨慎，既要传递真实信息，又要避免造成不必要的负面影响。敏感话题往往涉及政治、宗教、道德等多个层面，稍有不慎就可能引发争议甚至冲突。首先，媒体应保持冷静客观的态度，不带个人情绪地报道事实。对于那些容易引起误解或激化矛盾的内容，应当采用中立的语言进行描述，避免使用煽动性的词汇。其次，媒体要充分考虑受众的感受和社会影响，在保证信息透明的同时，尽量减少对相关人员的伤害。例如，在报道刑事案件时，不应过多渲染血腥暴力场面，以免给受害者家属带来二次伤害；在涉及民族宗教问题时，应尊重各民族的传统习俗和信仰禁忌，避免引发对立情绪。此外，媒体还需具备预见性，提前评估报道可能产生的后果，并采取相应的预防措施。比如，对于可能引起大规模舆论反弹的选题，可以先征求专家意见，做好风险预案。为了确保敏感话题的妥善处理，媒体机构可以设立专门的审核小组，负责对相关内容进行严格把关。总之，通过科学合理的方法处理敏感话题，媒体能够在传递信息的过程中彰显智慧和担当，为社会稳定与和谐发展作出积极贡献。

三、新媒体伦理教育与培训

（一）专业素养提升

1. 记者职业道德规范

在新媒体环境中，记者职业道德规范是确保新闻报道真实、客观、公正的重要保障。首先，记者应始终秉持诚信原则，对读者负责。这意味着在采访过程中要追求事实真相，不夸大或歪曲信息，避免为了吸引眼球而制造噱头。同时，记者需要尊重受访者的权利和尊严，保护其隐私和个人安全。例如，在涉及敏感话题时，如性侵案件或未成年人犯罪，记者应当谨慎处理相关信息，避免造成二次伤害。其次，独立性和中立性也是记者必须坚守的职业操守。不受商业利益或其他外部压力的影响，保持职业独立，是维护新闻公信力的关键。记者在报道重大事件时，应该多方求证，呈现全面的观点，而不是偏向某一方立场。此外，透明度和责任感同样重要。当发现报道中有错误时，记者应及时更正，并公开承认失误，以示对公众的尊重。为了提高职业道德水平，新闻机构可以定期组织内部培训，邀请资深记者分享经验，开展案例分析讨论会，帮助年轻记者树立正确的价值观。总之，通过不断强化记者的职业道德规范，媒体能够在复杂多变的新媒体环境中保持权威性和可信度，赢得更多人的信任和支持。

2. 编辑审核标准

编辑审核标准是新媒体内容质量控制的核心环节，它直接关系到最终发布的新闻是否符合伦理要求。首先，编辑团队应建立严格的稿件审核流程，从标题制作到正文撰写，每一个细节都不容忽视。标题作为文章的第一印象，必须准确概括主要内容，避免误导性表述。对于文中提到的事实，编辑需仔细核对数据来源，确保引用资料的真实可靠。其次，语言表达方面也要遵循规范，使用简洁明了的词汇，避免使用模糊不清或带有偏见色彩的词语。特别是涉及敏感话题时，如种族、性别等，应采用尊重和平等的态度进行描述。此外，编辑还应对图片、视频等多媒体元素进行严格审查，确保它们与文字内容相辅相成，不会引起误解或造成他人的不适。为了提高审核效率和准确性，媒体可以引入先进的技术手段，如人工智能辅助校对系统，自动检测语法错误和逻辑漏洞。同时，设立专门的审核小组，负责处理复杂或争议较大的稿件，确保每个环节都经过认真把关。最后，编辑还需具备一定的法律意识和社会责任感，了解相关法律法规，防止触碰红线。通过不断完善编辑审核标准，媒体能够为用户提供高质量的内容，促进社会的健康发展。

（二）公众媒介素养培养

1. 提高辨识能力

提高公众的辨识能力是新媒体环境下媒介素养教育的重要目标之一。随着信息传播速度的加快和渠道的多样化，虚假新闻和误导性信息层出不穷，给公众带来了困扰。因此，教会人们如何辨别真伪显得尤为重要。首先，公众要学会识别信息源的可靠性。官方机构、知名媒体或专家认证的消息往往更为可信；相反，匿名账号或小道消息则需要更加谨慎对待。其次，关注信息的一致性和逻辑性也是判断其真实性的重要依据。如果不同来源提供的信息相互矛盾，或者存在明显的逻辑漏洞，则很可能存在问题。此外，公众还可以利用第三方验证工具，如事实核查网站、搜索引擎等，快速获取更多信息，辅助判断。值得注意的是，视觉材料也需要仔细甄别。深度伪造技术和图像编辑软件使得伪造照片、视频变得越来越容易，公众应学会识别这些伪造痕迹，如不自然的表情变化、背景不一致等。为了提高辨识能力，学校和社会组织可以开设专门课程或讲座，普及相关知识和技能。同时，媒体自身也应承担起社会责任，积极推广科学理性的思维方式，引导公众正确看待信息。总之，通过系统化的教育和实践训练，公众可以在纷繁复杂的信息海洋中保持清醒头脑，做出明智的选择。

2. 增强批判思维

增强公众的批判思维是新媒体时代媒介素养培养的核心任务。批判思维是指个体能够独立思考、质疑既有观点并提出合理质疑的能力。这种思维方式不仅有助于个人成长，还能促进社会进步。首先，公众要学会质疑权威，不盲目相信所谓的“专家”或“意见领袖”。虽然他们可能具有专业知识，但也不一定是绝对正确的。面对各种观点，公众应该保持开放的态度，广泛听取不同的声音，然后根据自己的理解和判断作出选择。其次，公众还需要培养逻辑推理能力，善于发现论据与结论之间的联系。一个合理的论证应该基于充分的事实依据，而不是凭空想象或情感驱动。例如，在阅读一篇评论文章时，公众可以思考作者是如何得出结论的，是否有足够的证据支持。此外，公众还应具备历史视角，将当前事件放在更大的时间框架内考察，理解其背后的历史背景和社会原因。这有助于避免片面解读，对事物形成更加全面的认识。为了增强批判思维，学校可以增加逻辑学、哲学等相关课程，鼓励学生参与辩论比赛等活动；媒体也可以提供更多元化的观点和深度报道，激发公众思考。总之，通过持续不断地学习和实践，公众能够在新媒体环境中保持理性思考，成为负责任的信息消费者和传播者。

第二节　新媒体新闻法规建设的现状与挑战

一、现有法规框架分析

（一）国内外相关法律法规

1. 国家层面的法律制度

在新媒体环境下，国家层面的法律制度为新闻传播提供了基本的行为规范和保障。首先，宪法是所有法律法规的基础，在许多国家，宪法中明确规定了公民的言论自由权利。例如，《中华人民共和国宪法》第35条规定："中华人民共和国公民有言论、出版、集会、结社、游行、示威的自由。"这为媒体行业的发展奠定了坚实的法律基础。其次，专门针对新闻行业的法律法规也在不断完善。如中国的《互联网信息服务管理办法》《中华人民共和国网络安全法》等，这些法规明确了网络服务提供者的责任和义务，规定了信息发布的合法性和合规性要求。此外，为了应对新媒体带来的新问题，各国纷纷出台或修订相关法律法规。例如，美国通过了《通信规范法案》（CDA），旨在保护互联网用户的表达自由，同时也对有害内容进行管理和限制；欧盟则制定了《通用数据保护条例》（GDPR），强化了个人隐私保护，要求企业在处理用户数据时必须遵守严格的规则。值得注意的是，随着技术的进步和社会需求的变化，国家层面的法律制度也需要不断更新和完善。一方面，要适应新技术的应用，如人工智能生成内容、虚拟现实等新兴领域；另一方面，也要考虑不同地区、不同群体的利益平衡，确保法律法规的公平性和合理性。总之，通过建立健全的国家层面法律制度，可以为新媒体新闻传播提供明确的指引和支持，促进整个行业的健康发展。

2. 地方性法规和行业准则

地方性法规和行业准则是补充和完善国家层面法律制度的重要组成部分。它们根据各地实际情况和行业发展特点，制定了更为具体的操作细则。首先，地方性法规能够更好地反映区域特色和社会需求。例如，某些城市可能会针对本地的文化遗产保护、环境保护等问题出台专门的规定，要求媒体在报道相关内容时遵守特定的要求。此外，一些地方政府还设立了专门的管理机构，负责监督辖区内新媒体平台的运营情况，确保其符合法律法规的规定。其次，行业准则为新闻从业者提供了行为指南。在中国，中国记协发布了《中国新闻工作者职业道德准则》，明确规定了记者编辑的职业操守和服务宗旨。这些准则不仅涵盖了新闻采编的基本原则，如真实性、客观性、公正性等，还涉及了从业人员的职业道德和社会责任感。此外，行业协会还可以通过制定行业标准、组织培训等方式，全面提升会员单位的整体素质和水平。例如，中国互联网协会定期发布《互联网新闻信息服务自律公约》，倡导各成员单位共同维护良好的网络环境。最后，地方性法规和行业准则之间需要保持协调一致。两者相辅相成，共同构成了一个完整的法律体系，既保障了新闻自由，又维护了社会稳定。总之，通过加强地方性法规和行业准则的建设，可以进一步细化和落实国家层面的法律法规，为新媒体新闻传播营造更加健康有序的环境。

（二）国际公约与双边协定

1. 世界人权宣言中的言论自由条款

《世界人权宣言》作为联合国大会于1948年通过的一项重要文件，其中关于言论自由的规定对全球范围内的新闻传播产生了深远影响，为各国立法提供了重要的参考依据。在实际应用中，许多国家都将言论自由写入本国宪法，并通过一系列法律法规加以保障。然而，随着新媒体技术的发展，如何在保障言论自由的同时，有效防止虚假信息、仇恨言论等问题成为一个新的挑战。一方面，各国政府需要在尊重人权的基础上，制定合理的监管措施，打击违法不良信息；另一方面，国际社会也应加强合作，共同探索解决跨国界传播难题的方法。此外，《世界人权宣言》还强调了言论自由与其他权利之间的平衡关系。例如，在涉及国家安全、公共秩序、他人名誉等方面时，言论自由可能受到一定限制。因此，媒体在行使权利时也要履行相应的社会责任，遵守相关法律法规。党的十八大以来，中国也走出了一条适合我国国情又顺应时代潮流的人权发展道路。

2. 中美媒体合作协议等

中美媒体合作协议等双边协定在全球化背景下扮演着重要角色，它们促进了两国间的信息交流与合作。近年来，随着信息技术的迅猛发展，中美两国在媒体领域的互动日益频繁，签署了多项合作协议，旨在推动双方媒体机构之间的互利共赢。首先，这类协议有助于打破信息壁垒，促进资源共享。例如，中美两国的新闻机构可以通过交换特稿、联合采访等形式，为读者提供更多元化的视角和更深入的报道。同时，合作协议也为双方培养专业人才提供了平台。许多媒体机构利用这个机会开展互访学习活动，邀请对方专家授课或参与项目实践，提升了从业人员的专业技能和国际视野。此外，双边协定还涉及版权保护、市场准入等方面的内容。在数字时代，知识产权问题变得尤为突出，中美双方通过签订相关协议，明确了各自的权利和义务，为跨境内容传播创造了有利条件。值得注意的是，尽管中美媒体合作协议为双方带来了诸多好处，但也面临着一些挑战。由于两国政治体制、文化背景存在差异，在执行过程中难免会出现分歧和摩擦。因此，双方需要不断沟通协商，寻求共识，确保合作协议的有效实施。总之，中美媒体合作协议等双边协定既促进了两国媒体行业的交流与发展，也为构建开放包容的国际传媒格局做出了积极贡献。

二、法规实施中的问题

（一）执法力度不足

1. 法律执行机构的能力限制

在新媒体环境中，法律执行机构的能力限制是导致法规实施效果不佳的重要原因之一。首先，技术能力的不足使得监管部门难以应对快速变化的新媒体平台和技术手段。例如，随着区块链、人工智能等新兴技术的应用，非法信息传播变得更加隐蔽和复杂，传统的监测工具往往无法有效识别和追踪。此外，一些小型或新型的社交媒体平台缺乏有效的监控机制，给执法带来了更大的挑战。其次，人力资源的短缺也制约了执法效率。面对海量的信息，有限的执法人员难以逐一审查所有内容，容易出现监管盲区。特别当重大事件发生时，如突发公共卫生事件或政治敏感时期，需要投入更多的人力物力进行实时监控，这对现有资源提出了更高的要求。最后，跨部门协作不够紧密也是影响执法效果的因素之一。新媒体涉及多个领域，如互联网管理、文化宣传、公安等多个部门都有相应的职能，但实际操作中各部门之间的沟通协调不畅，可能出现职责不清、推诿扯皮的现象。为了克服这些能力限制，一方面要加强技术设施建设，引进先进的监控系统和数据分析工具，提高智能化水平；另一方面要优化人员配置，通过培训提升执法人员的专业素养，并建立多部门联动机制，形成合力。总之，只有全面提升法律执行机构的能力，才能更好地适应新媒体环境下的监管需求，确保法律法规的有效实施。

2. 违法成本低导致震慑力弱

违法成本过低是当前新媒体法规实施过程中面临的一个突出问题，这直接影响了法律的震慑力和权威性。首先，处罚力度不够，使得一些违规行为得不到应有的惩罚。例如，在处理虚假新闻、网络暴力等问题时，现行法律规定的罚款金额相对较低，对于大型企业和个人而言几乎可以忽略不计，难以起到警示作用。其次，法律责任界定模糊也削弱了执法效果。由于新媒体领域的特殊性，许多违法行为处于灰色地带，难以明确归类，导致在实际操作中存在认定困难的情况。比如，某些自媒体账号发布不当言论后迅速删除，证据收集变得非常困难，增加了追责难度。此外，信用惩戒体系尚未健全也是一个重要因素。虽然部分省市已经开始探索将新媒体违规记录纳入个人或企业信用档案，但在全国范围内仍未形成统一标准，对失信者的约束力有限。为了改变这一现状，一方面要加大处罚力度，根据违法行为的危害程度设定合理的罚款标准，并引入刑事处罚措施；另一方面要完善法律责任界定，细化各类违规行为的具体表现形式，为执法提供明确依据。同时，加快构建全国统一的信用惩戒体系，让失信者一处违规、处处受限。总之，通过提高违法成本，增强法律的震慑力，可以有效遏制新媒体领域的违法违规行为，维护良好的网络环境。

（二）法规滞后性

1. 新技术带来的新问题

新媒体法规的滞后性主要体现在新技术带来的新问题上。随着信息技术的飞速发展，新的传播方式和内容形式不断涌现，给现有法律法规带来了前所未有的挑战。首先，虚拟现实、增强现实等沉浸式技术的应用改变了用户的体验模式，同时也引发了隐私保护、版权归属等一系列新问题。例如，在使用 VR 设备观看新闻报道时，用户的行为数据可能被大量收集，如何确保这些数据的安全性和合法性成为一个亟待解决的问题。其次，人工智能生成内容（AIGC）的发展使得机器创作的作品越来越多地出现在公众视野中，但对于这类作品的版权归属、责任承担等方面目前还没有明确的规定。此外，区块链技术的应用也为信息溯源提供了新的途径，但同时也带来了匿名性增强、监管难度加大的问题。为了应对这些新技术带来的挑战，立法机关需要密切关注行业发展动态，及时调整和完善相关法律法规。一方面可以通过制定专项条例来填补空白区域，如出台《虚拟现实管理条例》《人工智能生成内容管理办法》等；另一方面也要加强国际合作，借鉴国外先进经验，共同探索解决方案。总之，只有紧跟技术创新的步伐，不断完善法律法规，才能为新媒体行业的健康发展提供有力保障。

2. 法规更新速度跟不上行业发展

法规更新速度跟不上新媒体行业发展的步伐是当前面临的又一重大挑战。新媒体领域变化迅速，新技术、新模式层出不穷，而法律法规的制定和修订往往需要较长的时间周期，这就导致了一些法规在实际应用中显得不合时宜。首先，政策制定过程较为烦琐，从调研论证到正式颁布实施，通常需要经历多个环节，耗费大量时间和精力。例如，《中华人民共和国网络安全法》从起草到最终通过历时多年，其间新媒体环境已经发生了巨大变化。其次，立法资源有限也影响了法规更新的速度。由于我国立法工作覆盖面广，涉及领域众多，很难在短时间内集中力量解决新媒体领域的问题。此外，法规的稳定性与灵活性之间也存在矛盾。过于频繁地修改法规可能会造成法律体系的不稳定，影响社会预期；但如果长期不更新，则会失去对现实情况的有效指导作用。为了加快法规更新速度，一方面要简化立法程序，提高工作效率，如推行“立改废”并举的方式，及时清理不再适用的条款；另一方面要建立灵活高效的反馈机制，广泛听取社会各界意见，特别是行业内专家和一线从业者的建议，确保法规能够及时反映最新需求。总之，通过不断优化立法流程，提高法规更新速度，可以更好地适应新媒体行业快速发展的需要，为行业发展创造良好的法治环境。

三、未来法规建设的方向

（一）完善立法体系

1. 加强顶层设计，明确职责分工

在新媒体快速发展的背景下，加强顶层设计并明确职责分工是构建和完善法律法规体系的关键步骤。首先，顶层设计需要从国家战略层面出发，将新媒体法规纳入国家信息化建设和法治社会建设的整体规划之中。政府应牵头成立专门的领导小组或委员会，负责统筹协调各部门之间的关系，确保政策的一致性和连贯性。例如，在中国，中央网络安全和信息化委员会承担了这一重要职能，为新媒体法规建设提供了强有力的领导和支持。其次，明确职责分工有助于提高工作效率，避免多头管理带来的混乱局面。具体来说，可以按照不同类型的媒体平台和服务功能划分监管责任。比如，对于互联网新闻信息服务，由网信办负责；对于视听节目服务，则交由广电总局管理。此外，还可以根据地域特点设立地方分支机构，形成上下联动、分级负责的工作机制。为了实现有效的顶层设计和职责分工，还需要建立健全的信息共享平台，打破部门间的数据壁垒，促进跨部门协作。同时，通过立法授权的方式赋予各级管理部门必要的执法权力，并配套相应的资源保障措施，如人员编制、经费预算等。总之，通过加强顶层设计和明确职责分工，可以构建一个高效有序的新媒体法规管理体系，为行业发展提供坚实的制度保障。

2. 推动专项立法，填补空白领域

推动专项立法是解决新媒体法规滞后性和填补空白领域的有效途径。随着新技术、新模式的不断涌现，现有法律法规难以完全覆盖所有可能出现的问题，因此需要针对特定领域进行专门立法。首先，应重点关注那些对社会稳定和个人权益影响较大的方面，如网络暴力、虚假信息传播等。例如，《反网络暴力法》可以明确规定各类网络暴力行为的定义、处罚标准以及受害者的救济渠道，为打击此类违法行为提供法律依据。其次，对于新兴技术带来的新问题也要及时响应。如人工智能生成内容（AIGC）、虚拟现实等领域，由于其发展速度快且涉及面广，有必要制定专门法规来规范相关活动。以《人工智能生成内容管理办法》为例，该法规可以涵盖版权归属、责任界定等方面的内容，确保技术创新与法律监管同步推进。此外，还应加强对跨境数据流动、隐私保护等跨国界问题的研究，适时出台相应的国际条约或双边协定。为了确保专项立法的质量和效果，一方面要广泛征求社会各界意见，特别是行业内专家和一线从业者的建议；另一方面要注重与其他法律法规的衔接，保持整个法律体系的协调一致。总之，通过推动专项立法，可以不断完善新媒体法规体系，为行业健康发展创造良好的法治环境。

（二）促进国际合作

1. 共同应对跨国界传播难题

在全球化日益加深的今天，共同应对跨国界传播难题成为新媒体法规建设中不可或缺的一部分。新媒体的发展打破了传统媒体的地域限制，使得信息可以在瞬间跨越国界传播，给各国带来了新的挑战。首先，虚假信息和极端主义思想的跨国扩散是一个亟待解决的问题。这些不良信息既损害了目标国家的社会稳定，也威胁到全球安全。为此，各国需要加强合作，建立联合监测机制，实时共享情报信息，共同防范和打击有害内容的传播。其次，个人隐私保护也是一个重要的跨国界议题。随着大数据和云计算技术的应用，用户数据在全球范围内频繁流动，如何确保这些数据的安全性和合法性成为国际社会关注的焦点。欧盟的《通用数据保护条例》（GDPR）为其他国家提供了有益的经验借鉴，但要真正实现全球范围内的隐私保护，还需要各国共同努力，制定统一的标准和规则。此外，知识产权保护也是跨国界传播中的关键环节。新媒体环境下，作品的创作、传播和使用方式均发生了巨大变化，传统的版权制度面临诸多挑战。各国可以通过签署国际公约或双边协议，加强在知识产权保护方面的合作，共同维护创作者的合法权益。总之，通过共同应对跨国界传播难题，可以为全球新媒体行业的健康发展提供有力支持，促进信息交流的同时保障公共利益。

2. 制定统一标准，减少冲突

制定统一标准是促进国际合作、减少跨国界传播冲突的重要手段。在全球化的背景下，不同国家和地区的新媒体法规存在差异，这往往导致企业在开展跨境业务时遇到各种障碍。首先，技术标准的不统一增加了企业的运营成本和技术改造难度。例如，视频编码格式、流媒体传输协议等方面的差异，使得内容提供商需要根据不同市场的要求进行多次转换，浪费了大量资源。因此，国际标准化组织（ISO）等行业机构应发挥更大作用，推动各国在关键技术领域达成共识，制定统一的技术标准。其次，内容审核标准的差异也容易引发争议。一些国家对敏感话题的界定较为宽松，而另一些国家则相对严格，这就可能导致同一内容在不同地区反映不同。为此，各国可以通过对话协商，寻找最大公约数，逐步趋近于一个更为合理的审核标准。此外，法律法规的差异也会给企业带来合规风险。不同国家的法律规定不尽相同，企业在遵守当地法律的同时还要考虑国际规则，因为稍有不慎就可能触犯法规。为了减少这种冲突，国际社会可以探索建立多边框架下的协调机制，如设立专门的仲裁机构，处理跨国界的法律纠纷。总之，通过制定统一标准，可以降低跨国界传播的成本和风险，为全球新媒体行业的融合发展创造更加有利的条件。

第三节　新媒体新闻伦理与法规的实践路径

一、建立健全自律机制

（一）行业协会的作用

1. 制定行业行为准则

在新媒体环境中，制定行业行为准则是行业协会发挥自律作用的重要方式之一。首先，行为准则为媒体机构提供了明确的行为规范和操作指南，帮助它们在复杂多变的信息传播环境中保持正确的方向。例如，中国互联网协会发布的《互联网新闻信息服务自律公约》明确规定了各成员单位应遵守的基本原则和服务宗旨，如真实性、客观性、公正性等。这些原则不仅涵盖了新闻采编的基本要求，还涉及了从业人员的职业道德和社会责任感。其次，行为准则有助于提升整个行业的形象和公信力。通过统一的标准和规范，可以有效减少不良竞争，避免低俗、虚假信息的泛滥，从而营造一个健康有序的发展环境。此外，行为准则还可以作为评价和监督成员单位的重要依据。行业协会可以根据行为准则定期组织检查评估，对表现优秀的单位给予表彰奖励，对于违反规定的行为进行批评教育或采取相应的惩戒措施。为了确保行为准则的有效实施，一方面要广泛征求社会各界的意见建议，特别是行业内专家和一线从业者的反馈；另一方面要注重与其他法律法规的衔接，保持整个法律体系的一致性和协调性。总之，通过制定并严格执行行业行为准则，可以为新媒体行业的健康发展提供坚实的制度保障，促进各方共同维护良好的舆论生态。

2. 开展同行评议活动

开展同行评议活动是行业协会加强自律管理、提高行业水平的重要手段。同行评议是指由同行业内的专家或资深人士组成的评审小组，对其他成员的工作成果进行评价和指导的过程。首先，同行评议可以帮助媒体机构发现自身存在的问题和不足之处。通过外部视角的审视，能够更清晰地看到工作中的薄弱环节，如报道质量、内容审核等方面，并据此提出改进建议。例如，在一次针对某家新闻网站的同行评议中，评审团指出了其在处理敏感话题时缺乏足够的谨慎态度，建议加强内部培训，提高编辑团队的专业素养。其次，同行评议促进了经验交流和技术共享。不同媒体机构之间可以通过评议活动互相学习借鉴，取长补短，共同进步。特别是在面对新技术应用、新模式探索等问题时，同行评议可以提供宝贵的参考案例和支持。此外，同行评议还有助于建立公平合理的竞争机制。通过公开透明的评价过程，可以消除不正当竞争行为，鼓励各成员单位专注于提升自身实力和服务质量。为了确保同行评议的效果，行业协会需要制定科学合理的评价标准和程序，邀请权威专家参与评审，并及时公布评议结果，接受社会监督。总之，通过积极开展同行评议活动，可以不断推动新媒体行业的自我完善和发展，形成良性循环，为公众提供优质的信息服务。

（二）企业内部治理

1. 设立伦理委员会

设立伦理委员会是新媒体企业在内部治理中强化伦理意识、落实社会责任的关键举措。首先，伦理委员会可以为企业决策提供专业的咨询和指导。面对复杂的舆论环境和多样的利益诉求，企业在制定战略规划、开展业务活动时往往需要权衡各种因素。伦理委员会由来自不同领域的专家组成，他们可以从道德伦理的角度出发，为管理层提供独立、客观的意见，确保企业的行为符合社会价值观和法律法规的要求。例如，在处理用户隐私保护问题时，伦理委员会可以深入分析相关法律法规和技术手段，帮助企业找到最佳解决方案。其次，伦理委员会有助于提升员工的职业操守和道德水平。通过定期组织培训讲座、案例讨论等活动，向全体员工传达正确的价值观念和行为准则，增强他们的责任感和使命感。此外，伦理委员会还可以充当内部监督的角色，审查各项业务流程是否存在潜在的伦理风险，并提出整改意见。为了充分发挥伦理委员会的作用，企业需要为其配备必要的资源支持，如办公场所、经费预算等，并明确其职责权限，确保其独立性和权威性。总之，通过设立伦理委员会，新媒体企业可以在内部建立起一套完整的伦理管理体系，为实现可持续发展奠定坚实的基础。

2. 强化员工培训与监督

强化员工培训与监督是新媒体企业内部治理中不可或缺的一环。首先，员工培训是提高队伍整体素质的有效途径。随着新媒体技术的快速发展，从业人员需要不断更新知识结构，掌握最新的工具和方法。为此，企业可以定期举办各类专业技能培训课程，涵盖新闻采编、数据分析、多媒体制作等多个方面，帮助员工提升职业技能。同时，也要注重职业道德教育，培养员工的社会责任感和职业操守。例如，通过组织观看纪录片、参观博物馆等形式，引导员工树立正确的历史观、文化观，增强对国家和社会的认同感。其次，监督机制是确保培训效果的重要保障。企业应建立健全的考核评价体系，将培训成果纳入绩效考核范围，激励员工积极参与学习。此外，还要加强对日常工作行为的监督检查，及时纠正不当做法，防止违规事件的发生。例如，设立专门的监察部门或热线电话，鼓励员工举报违法行为，对查实的问题严肃处理。为了使培训与监督更加有针对性和实效性，企业还需要密切关注行业发展动态和社会需求变化，适时调整培训内容和监督重点。总之，通过强化员工培训与监督，新媒体企业可以打造一支高素质、有担当的专业团队，为用户提供高质量的信息服务，赢得市场的信任和支持。

二、强化外部监管措施

（一）政府监管职能优化

1. 提升监管技术水平

在新媒体环境中，提升政府的监管技术水平是确保法律法规有效实施的关键举措之一。首先，随着信息技术的迅猛发展，传统的监管手段已经难以适应快速变化的新媒体平台和技术应用。例如，区块链、人工智能等新兴技术的应用使得信息传播更加隐蔽和复杂，给监管部门带来了新的挑战。为此，政府需要加大对科技研发的投入，引进先进的监控系统和数据分析工具，提高智能化水平。例如，利用大数据分析技术可以实时监测海量信息流，及时发现异常情况；而人工智能则可以帮助识别虚假新闻、违规内容等，为执法提供有力支持。其次，加强跨部门协作也是提升监管技术水平的重要途径。新媒体涉及多个领域，如互联网管理、文化宣传、公安等多个部门都有相应的职能。通过建立统一的信息共享平台，打破部门间的数据壁垒，促进各方资源的有效整合，形成协同作战的局面。此外，培养专业人才也是不可忽视的一环。政府应鼓励高校和科研机构开设相关课程，培养既懂法律又熟悉新技术的专业人员，充实到监管队伍中来。为了确保监管技术的持续更新和优化，一方面要密切关注行业发展动态，及时调整和完善现有工具；另一方面要加强国际合作，借鉴国外先进经验，共同探索解决方案。总之，通过不断提升监管技术水平，政府可以在新媒体环境下更好地履行职责，维护网络空间的安全和秩序。

2. 建立快速响应机制

建立快速响应机制是应对新媒体突发状况、保障社会稳定的重要手段。首先，快速响应机制能够显著缩短从发现问题到采取行动的时间间隔，提高处理效率。在新媒体环境中，信息传播速度极快，一旦出现虚假信息、网络暴力等问题，如果不及时干预，可能会迅速扩散并造成严重后果。因此，政府需要建立健全的预警体系，通过多种渠道收集情报信息，如舆情监测、群众举报等，提前感知潜在风险。其次，快速响应机制有助于协调各部门之间的联动合作。面对复杂的突发事件，单靠一个部门往往难以解决问题，需要调动多方力量共同参与。例如，在重大公共卫生事件期间，网信办、卫生健康委等部门可以联合启动应急响应预案，快速发布权威信息，指导公众正确应对。此外，快速响应机制还包括对违法行为的迅速查处。对于那些违反法律法规的行为，如散布谣言、侵犯隐私等，要及时立案调查，并依法予以严惩。为了确保快速响应机制的有效运行，一方面要简化审批流程，赋予一线执法人员更大的决策权；另一方面要建立灵活高效的反馈机制，广泛听取社会各界意见，特别是行业内专家和一线从业者的建议，不断优化和完善机制设计。总之，通过建立快速响应机制，政府可以在新媒体环境中更加敏捷地应对各种挑战，保障社会和谐稳定。

（二）社会监督力量发挥

1. 鼓励公众举报违法行为

鼓励公众举报违法行为是强化新媒体外部监管的重要方式之一。首先，公众作为信息传播的主要受众，最能直接感受到不良信息的影响，因此他们是最具潜力的社会监督力量。政府可以通过设立专门的举报热线、电子邮箱或移动应用程序，方便公众随时提交线索。同时，为了保护举报人的合法权益，防止报复行为的发生，还需要制定严格的保密制度，确保其个人信息不被泄露。其次，激励机制是激发公众积极性的有效手段。对于查证属实的举报，政府可以给予一定的物质奖励或精神表彰，如奖金、荣誉证书等，以示鼓励。此外，还可以定期公布典型案例，展示打击违法活动的成果，增强公众的信心。值得注意的是，公众举报的内容需要经过严格审核，避免恶意诬告现象的发生。为此，政府可以建立专业的评估团队，负责对举报材料进行初步筛选和分类，确保每一条线索都能得到认真对待。为了进一步扩大公众参与度，政府还可以通过宣传教育活动，普及相关法律法规知识，引导大家树立正确的价值观和行为规范。总之，通过鼓励公众举报违法行为，可以充分发挥社会监督的作用，形成全民共治的良好局面，为新媒体环境的健康发展贡献力量。

2. 支持第三方评估机构发展

支持第三方评估机构的发展是构建多层次新媒体监管体系的重要组成部分。首先，第三方评估机构凭借其独立性和专业性，能够在一定程度上弥补政府监管资源有限的问题。它们可以根据市场需求，提供多样化的服务，如内容审核、合规咨询、风险评估等，帮助媒体企业提高自身管理水平。例如，一些知名的互联网安全公司可以为企业提供全面的安全检测报告，指出其存在的漏洞并提出改进建议。其次，第三方评估机构还可以充当桥梁和纽带的角色，促进政府与企业之间的沟通交流。通过定期举办研讨会、座谈会等形式，双方可以就热点问题展开深入讨论，达成共识。此外，第三方评估机构还具有较强的灵活性和适应性，能够快速响应市场变化和技术进步，为监管工作提供最新的技术支持。为了支持第三方评估机构的发展，政府可以从政策扶持、资金补助等方面入手，为其创造良好的发展环境。例如，出台税收优惠政策，降低运营成本；设立专项资金，资助科研项目；推动行业协会建设，规范行业标准。总之，通过支持第三方评估机构的发展，可以形成政府、企业和公众共同参与的新媒体监管格局，为行业的健康发展提供全方位的支持和服务。

三、推动多方协同治理

（一）政产学研用结合

1. 组织联合研究项目

在新媒体环境中，组织联合研究项目是实现政产学研用紧密结合的重要途径之一。首先，通过政府引导和支持，整合各方资源，可以有效解决单一主体难以克服的技术难题和政策障碍。例如，在应对虚假信息传播方面，政府部门可以牵头成立专项课题组，邀请高校、科研机构、企业等共同参与，集中力量攻关关键技术问题。这种跨领域的合作不仅能够汇聚多方面的智慧和力量，还能促进不同学科之间的交叉融合，产生更多创新成果。其次，联合研究项目有助于建立长期稳定的合作关系，形成良性互动机制。各方可以在项目实施过程中相互学习借鉴，分享各自的优势资源，如数据、设备、人才等，提高整体研究水平。此外，通过共同攻克实际应用中的难点问题，还可以为企业提供技术支持和服务，推动科技成果的转化和产业化。为了确保联合研究项目的顺利开展，一方面要明确各方的责任分工，签订合作协议，规定具体的工作任务和时间节点；另一方面要建立健全的沟通协调机制，定期召开项目推进会，及时解决遇到的问题。总之，通过组织联合研究项目，可以充分发挥政产学研用各方的积极性和创造力，为新媒体行业的健康发展提供坚实的科技支撑。

2. 分享最佳实践经验

分享最佳实践经验是促进政产学研用结合、提升行业整体水平的有效方式。首先，最佳实践经验的总结和推广可以帮助其他单位少走弯路，快速提升自身的管理水平和技术能力。例如，在内容审核方面，一些大型互联网平台积累了丰富的经验，形成了较为完善的流程和标准。这些成功做法可以通过研讨会、培训班等形式向中小型企业进行传授，帮助它们建立健全的内容审核机制。其次，最佳实践经验的交流也有助于推动技术创新和发展模式的优化。不同地区、不同类型的企业在实践中探索出的特色做法，往往蕴含着新的思路和方法。通过广泛宣传和推广应用，可以在更大范围内激发创新活力，促进行业的转型升级。此外，最佳实践经验的共享还可以增强社会各界对新媒体行业的了解和支持。政府部门可以通过发布年度报告、典型案例集等方式，向社会展示行业发展取得的成绩，树立良好的社会形象。为了确保最佳实践经验的有效分享，一方面要建立开放透明的信息平台，方便各方获取相关信息；另一方面要鼓励各单位积极参与，设立奖励制度，对表现突出的单位和个人给予表彰。总之，通过积极分享最佳实践经验，可以促进政产学研用各方的深度合作，共同推动新媒体行业的高质量发展。

（二）构建合作平台

1. 创建跨部门协调会议

创建跨部门协调会议是构建多方协同治理平台的关键步骤之一。首先，跨部门协调会议为各相关部门提供了一个平等对话和沟通交流的平台，有助于打破信息孤岛，促进资源共享。新媒体涉及多个领域，如互联网管理、文化宣传、公安等多个部门都有相应的职能。通过定期召开协调会议，可以及时通报最新政策动向和工作进展，避免重复劳动和资源浪费。其次，跨部门协调会议有利于形成合力，共同应对复杂问题。面对重大事件或突发事件时，单靠一个部门往往难以解决问题，需要调动各方力量协同作战。例如，在处理网络谣言传播问题上，网信办、公安部门、媒体机构等可以联合启动应急响应预案，快速发布权威信息，指导公众正确应对。此外，跨部门协调会议还可以作为决策咨询的重要渠道，为领导层提供科学合理的建议。各部门可以从各自的专业角度出发，提出建设性意见，帮助政府制定更加符合实际情况的政策措施。为了确保跨部门协调会议的效果，一方面要明确会议规则和程序，确保每次会议都能围绕主题展开深入讨论；另一方面要加强后续跟踪落实，将会议达成的共识转化为实际行动。总之，通过创建跨部门协调会议，可以形成高效有序的新媒体协同治理体系，为行业健康发展提供有力保障。

2. 发起公共对话论坛

发起公共对话论坛是构建多方协同治理平台的重要举措之一。

首先，公共对话论坛为社会各界提供了直接表达意见和建议的机会，增强了公众参与度。新媒体的发展与每个人的生活息息相关，普通民众作为信息传播的主要受众，最能直接感受到其带来的影响。通过举办线上线下相结合的对话活动，如座谈会、听证会等，可以让更多人参与新媒体治理，反映他们的需求和关切。其次，公共对话论坛促进了不同利益相关者之间的理解和信任。在新媒体环境下，政府、企业、社会组织和个人之间存在着复杂的利益关系。通过面对面的交流沟通，可以消除误解，增进共识，找到共同的利益点。例如，当探讨个人信息保护问题时，各方可以从各自的立场出发，提出合理的解决方案，最终达成一致意见。此外，公共对话论坛还具有较强的教育和宣传功能。政府和专家可以通过论坛向公众普及法律法规知识，解读相关政策文件，引导大家树立正确的价值观和行为规范。为了确保公共对话论坛的质量和效果，一方面要精心设计议题，确保讨论内容贴近实际；另一方面要营造宽松和谐的氛围，鼓励参与者畅所欲言。总之，通过发起公共对话论坛，可以形成政府、企业、社会组织和个人共同参与的新媒体治理格局，为行业的健康发展创造良好的社会环境。

第七章　新媒体新闻教育与创新人才培养

第一节　新媒体新闻教育的理念更新与课程设置

一、新媒体新闻教育的理念更新

（一）以用户为中心的教学理念

1. 用户需求导向

在新媒体时代，以用户为中心的教学理念强调将用户的实际需求作为教学设计的核心。首先，理解用户需求对于新媒体新闻教育至关重要。随着互联网技术的发展，信息传播方式发生了巨大变化，用户不再仅仅是被动的信息接收者，而是成为内容的创造者和分享者。因此，教师需要深入了解不同年龄段、职业背景和社会群体对新闻内容的具体需求，如年轻人可能更关注娱乐和科技类新闻，而老年人则更倾向于健康养生和社区动态。其次，如何在教学中融入用户研究是实现这一理念的关键步骤。通过问卷调查、焦点小组讨论、社交媒体监测等手段，可以收集大量关于用户偏好的一手资料。这些数据不仅可以帮助教师调整课程内容，还可以为学生提供真实的案例分析素材。例如，在教授数据分析课程时，可以让学生使用真实的数据集进行用户画像分析，了解目标受众的特点。此外，学校还可以邀请行业专家和从业者走进课堂，分享他们对市场需求的第一手经验，使学生能够更好地把握行业趋势。总之，通过用户需求导向的教学理念，可以培养更加贴近市场、具备实战能力的新媒体新闻人才。

2. 互动式学习体验

互动式学习体验是新媒体新闻教育中的重要组成部分，它不仅改变了传统的单向传授知识模式，还极大地提高了学生的学习积极性和参与度。首先，构建互动平台和工具是实现互动式学习的基础。现代信息技术提供了多种多样的交流渠道，如在线论坛、即时通信软件、虚拟教室等。利用这些平台，教师可以组织线上讨论、答疑解惑等活动，让学生随时随地参与学习过程。同时，多媒体资源的应用也为互动式学习增添了色彩。视频讲解、动画演示等形式可以使抽象的概念变得直观易懂，激发学生的兴趣。其次，鼓励学生参与和反馈是互动式学习的核心要素。在课堂上，教师应积极引导学生发表自己的见解，开展小组讨论或辩论赛等活动，促进思想碰撞。课后，可以通过作业点评、项目评估等方式给予及时反馈，帮助学生发现不足并加以改进。例如，在新闻写作课程中，可以让学生互相批改稿件，从对方的角度审视作品的优点和缺点。此外，学校还可以建立校友网络，为在校生提供与毕业生交流的机会，分享职场经验和成长故事。总之，通过打造互动式学习体验，可以营造一个充满活力的学习环境，培养学生的团队合作精神和创新能力。

（二）跨学科融合的教育理念

1. 多学科知识体系构建

跨学科融合的教育理念旨在打破传统学科界限，构建一个涵盖多个领域的综合知识体系。首先，整合传播学、计算机科学、社会学等多个学科的知识是新媒体新闻教育的重要特征。传播学提供了理论基础，帮助学生理解信息传播规律；计算机科学则赋予了他们技术手段，如编程语言（Python）、数据分析等技能；而社会学则教会他们如何观察和分析社会现象。这种多学科交叉的学习方式可以使学生获得更全面的知识结构，适应新媒体环境下复杂多变的工作要求。其次，培养复合型人才是跨学科融合教育的目标之一。新媒体行业不仅需要专业的新闻采编人员，还需要懂得技术和市场的综合性人才。通过系统化的课程设置，如开设《数据新闻》《智能算法推荐》等新兴课程，可以让学生掌握多样化的技能，拓宽就业选择。例如，在内容创作方面，既要有扎实的文字功底，又要有一定的视觉设计能力；在平台运营方面，则要熟悉搜索引擎优化（SEO）、社交媒体推广等技巧。最后，跨学科融合还有助于激发创新思维。不同学科之间的相互启发往往能带来意想不到的灵感火花。例如，结合心理学和传播学的研究成果，可以探索出更加有效的用户心理分析方法；利用生物学中的进化论思想，可以思考新闻传播过程中的变异和发展规律。总之，通过构建多学科知识体系，可以为新媒体新闻教育注入新的活力，培养出更具竞争力的专业人才。

2. 实践导向的学习模式

实践导向的学习模式是新媒体新闻教育不可或缺的一部分，它强调理论联系实际，注重学生的动手能力和解决问题的能力。首先，推动产学研合作是实现这一模式的有效途径。学校可以与企业建立长期稳定的合作关系，设立实习基地或共建实验室，为学生提供真实的项目操作机会。例如，与新闻网站、广播电台等媒体机构合作，让学生参与日常编辑工作，体验新闻生产的全过程；与互联网公司合作，开发基于大数据的新闻推荐系统，提高个性化服务水平。其次，强调项目驱动的教学方法也是实践导向的重要体现。在课程设计中引入实际案例或模拟场景，让学生以小组形式完成特定任务。这种方式不仅可以锻炼他们的团队协作能力，还能让他们学会如何应对复杂的现实问题。例如，在“危机公关”课程中，可以设定某知名品牌遭遇负面舆论的情景，要求学生制定应对策略并付诸实施。此外，学校还可以组织各类竞赛活动，如新闻摄影比赛、短视频创作大赛等，激发学生的创造力和竞争意识。总之，通过实践导向的学习模式，可以有效弥补课堂教学的不足，使学生在毕业前就具备较强的职场适应能力和专业素养。

（三）终身学习与持续发展的理念

1. 激发自主学习能力

终身学习与持续发展的理念要求新媒体新闻教育不仅要传授专业知识，还要培养学生自主学习的能力。首先，培养学生的自我管理能力和学习策略是激发自主学习能力的关键。在新媒体快速发展的背景下，信息更新换代迅速，学生必须学会独立获取新知识的方法。例如，教会他们如何利用搜索引擎查找权威资料，如何辨别信息真伪，以及如何高效整理笔记等。其次，提供丰富的在线学习资源和支持服务也是必不可少的一环。学校可以建设数字化图书馆、在线课程平台等设施，方便学生随时查阅文献和观看视频教程。同时，设立专门的辅导中心或导师制度，为遇到困难的学生提供个性化的指导。此外，鼓励学生参加学术社团或兴趣小组，通过集体讨论和交流分享学习心得，形成良好的学习氛围。总之，通过激发自主学习能力，可以为学生的未来发展打下坚实的基础，使他们在面对不断变化的社会环境时始终保持学习的热情和动力。

2. 跟踪行业动态

跟踪行业动态是新媒体新闻教育中终身学习与持续发展理念的重要组成部分。首先，定期举办讲座、研讨会等活动可以帮助学生及时了解行业的最新发展情况。邀请专家学者、业界精英走进校园，分享前沿研究成果和技术应用案例，开阔学生的视野。例如，针对人工智能在新闻报道中的应用，可以请相关领域的研究人员介绍最新的算法进展和实践成果。其次，鼓励教师和学生参加国际会议和技术论坛，增强对全球趋势的把握。这不仅可以接触到国际一流水平的研究成果，还可以结识来自世界各地的同行，借以拓展人脉资源。此外，建立行业资讯平台，汇集各大媒体机构的招聘信息、政策法规解读等内容，为学生提供便捷的信息获取渠道。总之，通过跟踪行业动态，可以确保新媒体新闻教育始终走在时代的前列，为学生提供最前沿的知识和技能，助力他们在未来的职业生涯中脱颖而出。

二、新媒体新闻教育的课程设置

（一）基础课程建设

1. 核心理论课程

在新媒体新闻教育中，核心理论课程是构建学生知识体系的基石。首先，经典理论如新闻传播学、媒介伦理学等仍然是不可或缺的部分。这些课程不仅提供了理解信息传播的基本框架，还帮助学生树立正确的价值观和职业道德观。例如，《新闻传播学》可以帮助学生掌握信息传播的基本原理和规律；《媒介伦理学》则强调记者在报道过程中应遵循的职业道德和社会责任。其次，结合新媒体特点进行内容更新至关重要。随着互联网技术的发展，传统理论需要与时俱进，融入新的研究视角和案例分析。比如，在教授《网络舆情分析》时，可以引入大数据分析方法，探讨如何通过数据挖掘预测公众情绪变化；在讲解《社交媒体影响》时，则可以分析微博、微信等平台对公共舆论的影响机制。此外，核心理论课程还应注重培养学生的批判性思维能力。通过案例讨论、模拟演练等形式，引导学生思考不同情境下的决策过程，提高他们解决问题的能力。总之，通过扎实的核心理论课程建设，可以为学生打下坚实的学术基础，使他们在面对复杂多变的新媒体环境时具备深厚的理论素养。

2. 技术技能课程

技术技能课程是新媒体新闻教育的重要组成部分，旨在培养学生适应新技术应用的能力。首先，数据分析作为一项关键技能，在当今的信息时代显得尤为重要。通过开设《数据分析基础》《Python编程入门》等课程，可以让学生掌握基本的数据处理工具和技术，如Excel、SQL数据库查询语言等。这对于从事数据新闻工作尤其重要，能够帮助记者从海量数据中发现有价值的信息。其次，多媒体制作技能也是必不可少的一环。现代新闻报道不再局限于文字形式，图片、音频、视频等多种元素的融合成为趋势。因此，学校可以开设《摄影与摄像》《音视频编辑》等相关课程，教授学生使用Adobe Premiere、Audacity等专业软件进行内容创作。此外，为了紧跟行业发展步伐，还可以适时引入新兴技术培训，如虚拟现实、增强现实的应用开发等。这不仅有助于提升学生的创新能力，还能为未来就业创造更多可能性。总之，通过系统化的技术技能课程设置，可以使学生在未来的新媒体职场中占据优势地位，具备更强的竞争力。

（二）专业方向课程设计

1. 内容创作与管理

内容创作与管理课程是新媒体新闻教育中的核心方向之一，它直接关系到学生能否胜任未来的新闻工作。首先，文字编辑是所有内容创作的基础。通过《新闻写作》《特稿写作》等课程，可以训练学生的文笔功底，让他们学会撰写准确、生动的文章。同时，还要注重培养他们的选题策划能力，鼓励学生关注社会热点问题，提出独特的视角。其次，视频剪辑和音频处理技能对于丰富内容表现形式至关重要。随着短视频平台的兴起，越来越多的新闻报道采用视频形式呈现。因此，《视频剪辑技巧》《音频后期处理》等课程可以帮助学生熟练掌握 Final Cut Pro、Adobe Audition 等专业工具，制作出高质量的视听作品。此外，社交媒体运营也是不可忽视的一个方面。通过《社交媒体营销策略》《用户增长与留存》等课程，可以让学生了解如何利用社交平台扩大影响力，吸引更多的读者群体。总之，通过全面的内容创作与管理课程设计，可以为学生提供多样化的技能训练，使他们在未来的新闻工作中游刃有余。

2. 数据新闻与可视化

数据新闻与可视化课程旨在培养学生将数据转化为直观信息的能力，这是新媒体环境下非常重要的技能之一。首先，数据挖掘是数据新闻的第一步。通过《数据收集与清洗》《统计分析方法》等课程，可以教会学生如何从各种来源获取数据，并对其进行初步处理，确保数据的真实性和准确性。其次，图表设计是将复杂数据简化为易于理解的形式的关键步骤。《信息图表设计》《交互式故事讲述》等课程可以帮助学生掌握 Tableau、D3. js 等可视化工具，创造出既美观又实用的图形作品。此外，为了更好地服务于受众需求，还需要加强用户体验（UX）方面的培训。通过《用户界面设计》《可用性测试》等课程，可以让学生了解如何优化信息展示效果，提高用户的参与度和满意度。总之，通过专业的数据新闻与可视化课程设置，可以培养出一批既能深入分析数据又能巧妙表达结果的新媒体人才，为新闻行业注入新的活力。

（三）选修与拓展课程安排

1. 创新创业课程

创新创业课程为新媒体新闻教育增添了实践性和前瞻性，旨在激发学生的创造力和企业家精神。首先，商业模型设计是创新创业的核心内容之一。通过《商业模式画布》《风险投资概论》等课程，可以引导学生思考如何构建一个可行的商业计划，包括收入来源、成本结构、客户细分等方面。这不仅有助于他们理解新媒体行业的运作机制，还能为将来自主创业打下坚实的基础。其次，创业实战演练是检验理论知识的有效方式。学校可以组织模拟公司运营活动，让学生分组成立虚拟企业，经历从市场调研到产品发布的全过程。这种沉浸式的体验不仅可以锻炼学生的团队协作能力和领导力，还能让他们提前感受到真实的商业挑战。此外，为了拓宽学生的视野，还可以邀请成功的创业者或投资人分享经验，举办讲座、沙龙等活动，提供宝贵的行业见解。总之，通过丰富的创新创业课程设置，可以为学生打开通往更广阔职业道路的大门，培养出具有创新意识和实践能力的新媒体人才。

2. 国际视野课程

国际视野课程是新媒体新闻教育中不可或缺的一部分，它帮助学生在全球化背景下理解新闻传播的特点和发展趋势。首先，全球新闻传播趋势课程可以让学生了解各国媒体环境的差异以及跨国界传播面临的挑战。例如，《全球新闻业概览》可以介绍不同国家和地区的主要媒体机构及其特色，《跨文化传播理论》则探讨了文化背景对新闻报道的影响。其次，跨国界报道技巧是应对全球化挑战的重要技能。通过《国际新闻采编》《外语新闻写作》等课程，可以训练学生用多种语言进行新闻写作，掌握不同文化背景下受众的心理特征，从而制作出更具吸引力的国际化内容。此外，国际交流项目和海外实习机会也为学生提供了宝贵的经验积累渠道。通过参加国际会议、访问国外新闻机构等活动，学生可以直接接触国际同行，学习先进的理念和技术。总之，通过精心设计的国际视野课程，可以培养出一批具有全球眼光和多元文化理解能力的新媒体人才，为我国新闻事业的国际化发展贡献力量。

第二节　创新人才培养模式与能力塑造

一、新闻工作者角色道德自觉的本质及特征

明确新闻工作者角色道德自觉的意涵，揭示新闻工作者角色道德自觉的本质及特征，是开展本论题研究的理论前提，也是后面展开相关研究的逻辑铺垫。

（一）新闻工作者角色道德自觉的本质

在新闻传播系统与社会系统的互动中，新闻工作者作为中介，扮演着核心主体角色，其首要职能是对具备新闻价值的事实进行采集和选择，从而生成传播符号。这一过程不仅依赖一系列传播手段，更旨在有效传递最新社会信息及舆论，为社会发展提供真实反映。在此环境下，新闻工作者被赋予记录历史、传播真实、服务公众及导正舆论的重要职责。其伦理期待则明确要求承担“铁肩担道义”的责任，通过传递正能量来维护公平正义，以及倡导文明和道德教育。因此，唯有深刻理解自身的社会角色本质，才能够将实际行动与所担当身份高度契合。这种角色意识促使其发挥主动性，厘清权责关系，并切实履行应然职责与道德行为，从而养成高度的角色道德自觉，有助于推动整个社会更为公正合理的发展。

马克思主义强调的道德本质体现为“人类精神自律”，在此基础上，人们对道德规范及伦理要求进行深刻的自觉分析与理解。从这一角度来看，道德既是一种认识现实世界的特殊方式，又是通过善恶评价及道德律令实现社交互动的重要工具。具体来说，角色道德自觉反映了个体精神内心深处遵从良知与价值标准所形成的“道德法庭”，并最终促进个人的净化与升华。这一过程不仅展示了角色个体在社会活动中的道德自主性，还凸显了其创造性。在新闻工作的语境中，记者承担着特定社会角色，因此，其角色道德自觉作为对社会期待和职业伦理意识的良知回应，成为必要且重要的发展过程。该过程不是简单遵循行为规范，而是涉及记者主动体认自己的责任，在言论传播中不断调和自身行动与外部伦理之间的关系，从而体现出一种多元互通及动态调整机制。通过这种精神上的自我约束，新闻工作者能够建立起更高层次的合作关系，为媒体环境赢得信任，同时提升自身全面素养，实现更卓越的人文追求和价值设定，从而诠释出行业发展的内在需求。

（二）新闻工作者角色道德自觉的特征

新闻工作者角色道德自觉是现代社会文化生活和道德生活的本质要求，是新闻工作者对社会角色道德的自我体认和自觉坚守。就新闻工作者角色道德自觉的特征而言，新闻工作者角色道德自觉是受动性与主动性的统一，角色道德认知与角色道德行为的统一，角色道德情感与角色道德理性的统一。

1. 新闻工作者角色道德自觉是受动性与主动性的统一

人的本质是社会关系的总和。社会中的人从一出生就置身于外在的自然环境和社会环境之中，而这一环境是不以个体的主观意志为转移的。现实的社会环境产生现实的道德要求，在现实的社会之网中扮演多种社会角色的道德实践活动，也要受到外在条件和社会环境的影响和制约，角色道德自觉的生成与发展也要受到角色道德规范、社会环境等多种因素的共同影响和作用。新闻工作者也处于一定的社会关系中，被赋予了相应的社会角色，其新闻传播行为也是社会化的，也要受到与角色一致的角色道德规范体系的影响和制约。新闻工作者角色道德自觉首先来自外在的蕴含在新闻传播活动中的社会道德关系和其角色道德规范体系。从这个意义上讲，新闻工作者角色道德自觉是一个受动过程，在其进行角色道德实践中，要受到社会赋予其角色的社会期待和角色道德规范体系的制约。然而在现实的社会生活中，角色个体又具有主观能动性和创造性，每个社会角色都是一个独立的个体，对于角色道德规范体系有着不同的认识和体验，其建构的角色道德自觉体系也有所不同。

2. 新闻工作者角色道德认知与角色道德行为的统一

新闻工作者在其社会角色中，通过传播新闻信息展开了人类的实践活动。该活动不仅受到特定的社会角色影响，同时也承载着相应的道德责任。在新闻传播的过程中，角色道德被看作是构成新闻工作者道德活动的重要基础，具体体现在角色道德认知和行为两个层面。个体角色道德认知是所有形成与发展的必要前提，它促使新闻工作者必须对此次扮演的社会角色所携带的规范、原则以及产生该规范与原则之必然性的清晰认识。有效地意识到自身对社会及他人所承担的责任与使命，是推动其践行伦理标准的重要动力，因此建立在这种清楚认知上的信念成为助力其进行新闻传播行为的一部分。此外，这一外部约束能够为其言论以及传递的信息约定范围。然而，仅有知识上的自觉是不够的，以此知识为基石，还需进行相应的角色道德实践。这一步骤包含了遵从并把握其中辩证发展的逻辑，根据实务中领悟出的价值准则完成理性的自觉选择，使规定内涵经历内心蜕变，引发实际执行中的专注态度。因此，最终实现新闻工作者在职业伦理表现上的高度统一，就成为以上两方面结构良性互动进而朝向一致目标运作的一种动态体现，从而深化各方面理解。

3. 新闻工作者角色道德情感与角色道德理性的统一

角色道德自觉的根源在于角色个体的道德情感，这一现象体现了理性的约束与情感的激励彼此交织的重要性。角色道德情感是与主体的道德认同紧密相关，其在角色行为上的调节作用不容忽视。具体而言，角色道德自觉不仅表现在对规范的遵循上，更重要的是它指向理想化的道德理性。在实践中，前者能有效调控个人行为，鼓励符合社会期待及专业标准的积极情感，从而避免产生偏离这些要求的不当行为。同时，在新闻传播领域，此类自觉体现得尤为突出，新闻工作者应有发自内心对于其从事职业活动之热爱和认同。这种内心情感促进他们自愿遵循行业规范，并非仅限于履行被外界强加的责任。缺乏这种热情和认知意向者，即使职务上合规，也难以具备真正意义上的新闻伦理与人格风范。从更深层次分析，“德行”不只是外部规定的要求，而是个体深入内心的一种品质表现，它涵盖了包括道德认知、意志和情感在内的人格特质，对构建健康且富有责任感的专业信仰具有基础性意义。因此，可以推测，在执业过程中提升个体对法律和职业伦理元素的意识，对于完善其职业素养具有重要的推动价值。

情感的形成根植于个体在长期社会实践与自觉体验的历史中，通过角色的认识活动，潜藏于角色内心深处。在道德领域，角色道德情感构成其道德心理体系中的稳定核心，对角色个体的思想观念、生活方式及行为习惯产生深远影响，同时也指向其自我完善的一种重要途径。此类情感是基于对社会伦理规范和期待的理解，并在此基础上做出对社会角色间关系以及整体现象具有善恶评价性质的认知。在新闻工作者这一特殊职业背景下，角色道德情感不仅是个体对自身职业操守和责任感深入思考时所产生的心理基础，更为其道德自觉生成与发展提供了持续动力，这从宏观层面加强了行业内外对良好职业伦理范式构建的重要性。

在人类社会生活中，个体既为感性存在者，又为理性存在者，形成了理性与感性的统一体。康德指出，人作为理性存在者，其行为应遵从自由的规律，其中自由是通过理性制定普遍法则以约束行为的体现。在新闻工作领域，新闻工作者所践行的角色道德生活反映了其在情感与理智之间的协调，这种协调关系进一步强调角色道德自觉之生成和发展需依赖其角色道德理性的约束、规范与引导。

新闻工作者个体的幸福感与愉悦感源于其在新闻传播过程中道德行为是否符合角色道德理性的标准，体现了角色道德情感中理性自觉的重要性。实现角色道德自觉需依赖理性的指导，同时需要情感因素的推动，以形成一个更加深入融合的过程。因此，可以认为，新闻工作者所经历的角色道德自觉是情感与理性相互交织而成的一种境界，其实质在于追求伦理实践中的完善和持续改进。

二、新媒体时代对新闻人才的具体要求

（一）具备跨学科的知识

媒介融合推动了新闻教育研究的跨学科发展，使得学科界限不断模糊。传统上，新闻教育归属于文学的一级学科，但在新媒体环境下，它逐渐吸纳了工科和电信等领域知识，从而形成多元化的研究取向。由此，面对跨学科研究趋势，培养具备广泛知识背景的新闻人才显得尤为紧迫。综合性人才不仅能够顺应媒体生态变化，更能在实践中促进各学科间的互动与融合。

在当今信息技术迅猛发展的背景下，媒体融合教学愈发显得重要。密苏里大学及其他美国高等院校积极推行名为“媒体融合”的专业设置，其意义在于满足日益多元化的新闻传播需求。具体而言，密苏里新闻学院新设的本科专业，旨在应对传统新闻界限逐渐模糊及新媒介不断涌现所带来的挑战。这一学科的核心理念是培养学生以全能型记者的身份具备跨越不同媒介界限的能力，以适应各类媒体对于内容生产和传播方式的新要求。在全球媒体格局演变的大趋势下，这种教学理念不仅迎合了市场需要，还为未来创新型记

者奠定了坚实基础，因此必须持续探讨其具体实施策略和成效评估，从而推动行业发展与进步。

（二）掌握新媒体技术

掌握新媒体技术确实成为当前新闻工作者所需的重要能力之一。在新媒体环境中，媒体从业人员面对信息采集、加工和发布等环节，需要采用更为创造性的工作方式。这一转变不仅要求个体具备相应的技能，还强化了其在信息流动过程中的独立性。例如，在新闻报道的采访阶段，通过数字录音与摄影设备实现信息以数字格式直接采集，可有效缩短传统新闻制作周期，同时增进报道时效性。此外，即时通信工具使记者能够跨越空间限制，与采访对象进行实时互动，从而提升采访质量。进入信息编辑加工环节，新媒体特有的超媒体特征打破了以往线性的内容编排，记者得以通过多元化方式运用人工智能和技术手段，将不同类别的信息联结，实现高效率的信息传递。此外，通过音频、视频非线性编辑软件，使得这一过程中信息的整合与表达愈加灵活。新媒体技术不仅深刻改变了行业发展趋势，还促使从业人员思考在创造与传播中新的职业定义与专业素养。

以互联网为主的新媒体的出现不仅引发了人类社会的重大革命，还对新闻教育产生深远影响。未来新闻人才须掌握基本网络技能及不断发展的知识，以顺应自身发展与时代接轨。在这一背景下，新技术在新闻工作中的应用逐渐成为常态，由此可见，掌握新媒体技术已然成为当前新闻工作者必须具备的核心能力之一。

（三）具有高度职业精神

在新媒体环境中，信息的自由传播及传播者的平民化，使得传媒机构企业化的现状，对社会信息监管带来难度，造成信息环境混乱，其中虚假与不良信息泛滥、版权保护缺失是显著问题。因此，呼唤具备高度职业精神的新闻人才以应对这一挑战。

新媒体与传统新闻媒体在信息发布机制上的显著差异，导致虚假信息和不良信息的泛滥成为其屡遭指责的主要原因。传统新闻媒体受到政府及法律的严格监管，具备庞大的采编团队，其强大的资源优势和权威性使得信息发布流程形成完备的审核机制，这其中每一条信息须经过多重把关，以确保其准确性。此外，传统媒体积累了一定品牌价值，因此，为维护在受众中的诚信与美誉度，它们一般不会积极发布虚假消息。相较之下，新媒体的信息传播者多为商业网站、各类组织及个人，这些平台常缺乏专业的信息采编队伍，使其所获得的信息来源受到限制，因此无法形成稳定而准确的信息网络。在这种情况下，商业网站只能依赖其他媒介的内容，并进行表面的加工处理，由于没有建立相对完善的信息收集渠道，其原创能力不足，从而迫使它们频繁采用未经验证的信息。同时，这些网站因财政和人力资源限制，不具备逐一核实所有已发布信息真实度的能力。在当前日益竞争激烈的互联网环境中，为了追求经济利益并提升用户点击率，一些商业网站甚至故意夸大或制造虚假新闻，从而大幅度降低了所传递资讯的真实性，并进一步加剧了社会公众对新媒体的信任危机。因此，对于促进新旧传媒均衡发展的关键因素而言，对新媒体信息审查机制以及正面引导在未来至关重要。

在新媒体的发展过程中，存在的多种问题引发了政府和社会各界的广泛关注，针对这些问题，各方加大了净化新媒体环境的力度，以期推动新媒体健康发展。因此，在此背景下，更需具备高度职业精神的新闻人才，以适应新时代的要求和职能变革。

三、创新人才培养模式

（一）多元化教学方法的应用

1. 混合式学习模式的推广

在新媒体新闻教育中，混合式学习模式的推广是提升教学质量、促进学生全面发展的有效途径。首先，结合线上与线下教学的优势，可以为学生提供更加灵活多样的学习方式。通过网络平台，学校可以发布丰富的学习资源，如视频讲座、在线教材、互动讨论区等，使学生能够随时随地获取所需信息，自主安排学习进度。这种灵活性特别适合新媒体环境下信息更新快的特点，帮助学生及时掌握最新知识和技术。其次，在校内开展面对面的教学活动，如专题讲座、实验课、小组讨论等，可以增强师生之间的互动交流，促进理论知识与实践技能的有效结合。例如，当教授数据分析课程时，教师可以在课堂上演示具体的操作步骤，然后让学生分组完成实际项目，最后进行成果展示和点评。此外，混合式学习模式还有助于培养学生的自我管理能力和团队合作精神。学生需要学会合理规划时间，独立解决问题，同时也要积极参与集体讨论，分享经验和见解。为了确保混合式学习模式的成功实施，一方面要建设完善的在线学习平台，优化用户体验；另一方面要加强师资培训，提高教师的信息技术应用水平。总之，通过推广混合式学习模式，可以为新媒体新闻教育注入新的活力，培养更具创新意识和实践能力的专业人才。

2. 项目驱动式学习

项目驱动式学习是以实际项目为导向的教学方法，它不仅改变了传统的以教师为中心的授课模式，更强调学生的主动参与和实践操作。首先，这种学习方式可以让学生在解决真实问题的过程中学习和应用专业知识。例如，在新媒体新闻教育中，可以设置诸如“校园新闻报道”“社区热点追踪”等项目，让学生亲身体验从选题策划到最终发布的全过程。在这个过程中，他们需要运用所学的新闻采编、多媒体制作等技能，将理论转化为实际行动。其次，项目驱动式学习有助于培养学生的独立思考、团队合作及解决问题的能力。面对复杂的项目任务，学生必须学会分析问题的本质，提出合理的解决方案，并与其他成员密切配合，共同克服困难。例如，在处理突发事件报道时，团队成员需要分工协作，分别负责采访、编辑、审核等工作，确保信息的准确性和时效性。此外，项目驱动式学习还可以激发学生的创造力和责任感。当他们的作品被公众关注或产生积极影响时，他们会获得成就感和满足感，从而更加热爱自己的专业。为了保证项目的顺利开展，一方面要精心设计项目内容，确保其具有挑战性和现实意义；另一方面要提供必要的支持和服务，如设备借用、技术支持等。总之，通过推行项目驱动式学习，可以全面提升新媒体新闻教育的效果，为行业输送更多高素质的应用型人才。

（二）跨学科与国际化视野的拓展

1. 跨学科课程设置

跨学科课程设置是新媒体新闻教育中拓宽学生学术背景、增强综合素质的重要手段。首先，设计涵盖多个学科领域的课程，可以使学生获得更广泛的学术视野。例如，除传统的新闻传播学课程外，还可以引入数据科学、信息技术、心理学等领域的知识。《数据挖掘与分析》课可以帮助学生理解如何从海量信息中提取有价值的数据，《用户心理与行为研究》课则教会他们如何根据受众需求调整报道策略。这些跨学科的知识不仅丰富了学生的理论基础，还为他们在未来的职业发展中提供了更多的选择和发展空间。其次，跨学科的学习有助于培养学生的综合思维能力和解决复杂问题的能力。面对新媒体环境中不断涌现的新技术和新挑战，单一学科的知识往往难以应对。通过多学科交叉学习，学生可以从不同角度思考问题，提出更具创造性的解决方案。例如，在处理虚假信息传播时，既需要利用计算机科学的技术手段识别谣言来源，又需要借助心理学的方法引导公众正确看待事件。此外，跨学科课程还促进了不同专业之间的交流与合作。通过组织跨学科的研究项目或实践活动，学生可以结识来自其他领域的同学，建立广泛的人际关系网。为了确保跨学科课程的有效实施，一方面要建立跨学院的合作机制，打破学科壁垒，实现资源共享；另一方面要加强教师队伍的建设，鼓励和支持教师进行跨学科的研究和教学探索。总之，通过构建跨学科课程体系，可以为新媒体新闻教育注入新的活力，培养更多适应时代需求的高素质专业人才。

2. 国际交流与合作

国际交流与合作是新媒体新闻教育中拓宽学生全球视野、提升其国际化竞争力的关键举措。首先，鼓励和支持学生参与国际交换项目或双学位计划，可以让他们亲身感受不同的教育体系和文化氛围。例如，通过与国外知名高校的合作，学生可以获得在国外学习的机会，体验先进的教学理念和方法。这不仅有助于他们开阔眼界，了解世界前沿的新闻传播趋势，还能提高外语水平和跨文化交流能力。其次，国际交流项目还可以为学生提供宝贵的实习和就业机会。许多跨国媒体机构都重视员工的国际化背景，参加过国际交流的学生往往更容易获得这些企业的青睐。此外，通过参与国际会议、学术论坛等活动，学生可以直接接触国际同行，了解最新的研究成果和技术进展，为未来的科研工作打下坚实的基础。为了促进更多的国际交流与合作，一方面要积极搭建合作桥梁，如签署合作协议、举办双边或多边会议等；另一方面要优化政策环境，简化审批流程，鼓励和支持更多的师生参与国际活动。总之，通过加强国际交流与合作，可以不断提升新媒体新闻教育的国际化水平，为我国新闻事业的发展培养一批具有全球竞争力的高素质人才。

四、创新能力塑造

（一）激发创新意识与创业精神

1. 创新创业教育体系构建

在新媒体新闻教育中，构建系统的创新创业教育框架是培养创新型人才的重要基石。首先，建立完善的课程体系是实现这一目标的基础。学校应开设一系列涵盖理论知识和实践技能的创新创业课程，如《创新思维训练》《商业模式设计》《创业案例分析》等。这些课程不仅传授学生基础的商业知识，还通过实际案例和模拟演练，帮助他们理解如何将创意转化为可行的商业计划。例如，在《创新思维训练》课程中，教师可以引导学生进行头脑风暴，探讨不同领域的创新点，并鼓励他们提出独特的解决方案。其次，组织丰富多彩的讲座和工作坊也是不可或缺的一环。邀请行业专家、成功创业者分享他们的经验和见解，可以为学生提供宝贵的实战指导。例如，定期举办“创业大讲堂”，邀请知名企业家讲述创业历程中的挑战与机遇；设立“创新工作坊”，让学生亲身体验从构思到实施的过程。此外，设立“创新实验室”为学生提供了自由探索的空间。实验室配备先进的设备和技术资源，支持学生开展各类科研项目和实验活动。例如，设立新媒体实验室，提供虚拟现实、增强现实等前沿技术的应用平台，使学生能够在实践中掌握最新的工具和技术。为了确保创新创业教育体系的有效运行，一方面要建立健全的支持和服务机制，如设立专门的创新创业办公室，负责统筹协调各项工作；另一方面要加强师资队伍建设，选拔具有丰富实践经验的教师担任导师，指导学生的创新项目。总之，通过系统化的创新创业教育体系构建，可以全面激发学生的创新意识和创业精神，为他们的未来发展打下坚实的基础。

2. 实践平台搭建与竞赛参与

创建校内外相结合的实践平台是提升学生创新能力的关键举措之一。首先，学校应积极建设校内实践基地，为学生提供一个安全可控的学习环境。例如，设立多媒体制作工作室、数据新闻实验室等，配备必要的硬件设施和软件工具，让学生能够随时进行项目操作和实验研究。此外，还可以与企业合作共建实习基地，如与新闻网站、广播电台等媒体机构合作，让学生参与日常编辑工作，体验新闻生产的全过程。这种真实的工作场景不仅能提高学生的实践操作能力，还能让他们更好地理解行业的运作机制。其次，举办各类创新创业竞赛是锻炼学生实战能力的有效方式。通过设置不同的比赛主题和形式，如“校园新闻报道大赛”“短视频创作挑战赛”等，可以激发学生的竞争意识和团队合作精神。在竞赛过程中，学生需要运用所学的专业知识，解决实际问题，展示自己的创意和技术能力。例如，在“校园新闻报道大赛”中，参赛队伍需要独立完成选题策划、采访调查、内容制作等一系列任务，最终提交一份完整的新闻作品。为了确保竞赛的质量和效果，一方面要精心设计比赛规则和评审标准，确保公平公正；另一方面要加强对参赛者的培训和支持，如提供赛前辅导、技术咨询等服务。总之，通过搭建多样化的实践平台并积极参与各类竞赛，可以为学生创造更多的机会，在实践中不断积累经验，提升自身的创新能力和综合素质。

（二）批判性思维与持续学习能力的培养

在新媒体新闻教育中，强调批判性思维的重要性以及培养学生的终身学习态度是提升其综合素养的关键。首先，批判性思维是指能够质疑现有观念并提出新的见解的能力。通过《批判性思维训练》《新闻伦理与法律》等课程，可以引导学生思考新闻报道背后的逻辑关系和社会影响，培养他们独立思考的习惯。例如，在《批判性思维训练》课程中，教师可以设置讨论环节，鼓励学生针对热点事件发表不同观点，学会从多角度分析问题。同时，还要教会学生如何辨别信息真伪，避免盲目跟风或传播虚假信息。其次，持续学习能力是应对快速变化的信息环境的重要保障。随着新技术、新模式的不断涌现，新闻从业者需要保持学习的热情和动力，及时更新自己的知识结构。为此，学校可以设立在线学习平台，提供丰富的课程资源和学术资料，方便学生随时随地获取所需信息。此外，还可以组织各类学术交流活动，如讲座、研讨会等，邀请专家学者分享最新研究成果，拓宽学生的视野。为了增强学生的持续学习能力，一方面要建立激励机制，如设立奖学金、荣誉证书等，表彰表现优异的学生；另一方面要营造良好的学习氛围，如创建学习小组、兴趣社团等，让学生在互助互学中共同进步。总之，通过强化批判性思维与持续学习能力的培养，可以为学生注入源源不断的动力，使他们在职业生涯中始终保持敏锐的洞察力和创新精神。

第三节　新媒体新闻教育的国际化与未来趋势

一、新媒体新闻教育的国际化

（一）国际合作与交流

1. 双学位与交换生项目

在新媒体新闻教育中，双学位与交换生项目是促进国际合作与交流的重要方式之一。首先，这类项目为学生提供了更广阔的学术视野和发展空间。通过与国外知名高校建立合作关系，学生可以在本国完成部分学业后，前往合作院校继续深造，获得两个学校的学位证书。例如，中国传媒大学与美国密苏里新闻学院之间的双学位项目，使学生能够在中美两地接受最前沿的新闻教育，了解不同国家的教学理念和方法。其次，交换生项目不仅有助于提高学生的外语水平，还能增强他们的跨文化交流能力。在国外学习期间，学生将直接接触当地的文化和社会环境，体验不同的生活方式和思维方式。这不仅能丰富他们的个人经历，更能培养他们对多元文化的理解和尊重。此外，交换生项目还促进了教师之间的学术交流。双方学校可以互派教师进行短期讲学或长期任教，分享最新的研究成果和教学经验。为了确保项目的顺利实施，一方面要精心挑选合作院校，确保其教学质量符合国际标准；另一方面要加强管理和服务工作，如提供完善的住宿安排、心理咨询等支持措施，帮助学生尽快适应新环境。总之，通过开展双学位与交换生项目，可以有效提升新媒体新闻教育的国际化水平，为学生创造更多元化的成长机会。

2. 国际联合研究

国际联合研究是新媒体新闻教育中深化国际合作与交流的有效途径。首先，跨国科研合作能够汇聚全球顶尖学者的智慧和力量，共同攻克复杂问题。在新媒体领域，许多课题具有很强的前沿性和挑战性，如虚假信息传播机制、智能算法推荐系统的伦理考量等。通过组建国际团队，整合各方资源和技术优势，可以更快地取得突破性进展。例如，欧洲多所高校与中国科学院联合开展的人工智能与新闻传播交叉研究项目，已经取得了一系列重要成果。其次，国际联合研究还有助于推动知识共享和成果转化。研究成果不仅可以发表在高水平学术期刊上，还可以应用于实际教学和行业实践中，为解决现实问题提供科学依据。此外，参与国际项目的学生和教师可以获得宝贵的经验积累，拓宽职业发展道路。他们不仅可以接触国际一流的科研平台和设备，还能结识来自世界各地的同行，建立起广泛的人脉网络。为了促进更多的国际联合研究，一方面要积极搭建合作桥梁，如举办双边或多边会议、签署合作协议等；另一方面要优化政策环境，简化审批流程，鼓励和支持更多的师生参与国际科研活动。总之，通过加强国际联合研究，可以不断提升新媒体新闻教育的科研实力和社会影响力，为行业发展注入新的活力。

（二）全球视角下的课程开发

1. 国际标准课程体系

构建国际标准课程体系是新媒体新闻教育走向全球化的重要步骤。首先，对标国际一流院校，优化课程结构是实现这一目标的基础。在全球范围内，许多顶尖新闻学院都拥有成熟且先进的课程设置，如哥伦比亚大学新闻学院、伦敦政治经济学院媒体与传播系等。通过借鉴这些优秀范例，结合本国实际情况，可以设计出既符合国际潮流又具有地方特色的课程框架。例如，在核心理论课程方面，可以引入《全球新闻业概览》《比较媒介系统》等国际化教材，让学生从宏观角度理解新闻传播的发展规律；在技术技能课程方面，则可以开设《数据挖掘与分析》《虚拟现实应用》等前沿科目，紧跟技术进步的步伐。其次，国际标准课程体系强调多样性和灵活性。面对快速变化的新媒体环境，课程内容需要不断更新迭代，以满足市场需求。为此，学校可以设立专门的课程委员会，定期评估现有课程的有效性，并根据行业反馈及时调整。此外，还可以引入模块化教学模式，允许学生根据自己的兴趣和职业规划选择不同的课程组合，实现个性化学习路径。最后，建立严格的评估机制也是确保课程质量的关键。通过邀请外部专家评审、组织学生满意度调查等方式，可以全面了解课程实施效果，发现问题并加以改进。总之，通过构建国际标准课程体系，可以为新媒体新闻教育提供更加科学合理的指导，培养出适应全球化需求的专业人才。

2. 跨文化沟通能力培养

跨文化沟通能力培养是新媒体新闻教育中不可或缺的一部分，它直接关系到学生在未来职业生涯中的竞争力。首先，教授多元文化的理解和尊重是跨文化沟通教育的核心内容。在全球化的今天，新闻报道往往涉及不同国家和地区的情况，要求记者具备广泛的国际视野和深厚的文化积淀。因此，学校可以通过开设《跨文化传播理论》《文化人类学导论》等课程，引导学生深入了解世界各国的历史、宗教、风俗等方面的知识，培养他们对异质文化的敏感度和包容心。其次，语言培训是提升跨文化沟通能力的重要手段。除英语作为国际通用语言外，学校还可以鼓励学生学习其他主要外语，如法语、西班牙语、阿拉伯语等，以应对日益复杂的国际交流需求。同时，注重口语表达和听力训练，提高实际应用能力。此外，模拟真实场景进行实践演练也是非常有效的方法。例如，组织“国际新闻发布会”“跨国采访模拟”等活动，让学生扮演不同角色，亲身体验跨文化交流的过程，掌握应对技巧。最后，建立国际交流平台，促进学生之间以及师生之间的互动交流。通过举办国际文化节、中外学生联谊会等形式，营造浓厚的多元文化氛围，增进彼此之间的了解和友谊。总之，通过全方位的跨文化沟通能力培养，可以使学生更好地适应新媒体时代的国际化发展趋势，成为具有全球竞争力的高素质新闻人才。

二、新媒体新闻教育的未来趋势

（一）技术驱动的教育变革

1. 虚拟现实与增强现实的应用

虚拟现实和增强现实技术在新媒体新闻教育中的应用正逐渐成为推动教育变革的重要力量。首先，沉浸式体验是 VR/AR 技术最显著的特点之一。通过创建逼真的三维环境，学生可以身临其境地参与新闻事件，感受现场氛围，提高对复杂场景的理解能力。例如，在报道战争或自然灾害时，利用 VR 技术构建虚拟战场或灾区，让学生仿佛置身于第一线，更加直观地了解事件发生的背景和影响。其次，互动性和参与感是这些技术带来的另一大优势。传统的教学方式往往以教师讲授为主，而 VR/AR 则鼓励学生主动探索和操作。例如，在教授摄影技巧时，可以通过 AR 眼镜实时指导学生调整拍摄角度、光线设置等参数，使学习过程更加生动有趣。此外，VR/AR 还可以用于模拟采访训练，帮助学生克服心理障碍，提升沟通技能。通过预设不同情境下的对话脚本，学生可以在安全的环境中反复练习，直到掌握应对策略。为了确保 VR/AR 技术的有效应用，一方面要加大研发投入，开发适合教育场景的专业软件和硬件设备；另一方面要加强师资培训，让教师具备指导学生使用新技术的能力。总之，通过引入虚拟现实与增强现实技术，可以为新媒体新闻教育带来全新的教学模式，极大地丰富学生的学习体验，培养出更具实战能力的新一代新闻工作者。

2. 人工智能与机器学习的融合

人工智能（AI）与机器学习（ML）技术的融合正在深刻改变新媒体新闻教育的方式和内容。首先，AI 辅助新闻写作是这一变革中最引人注目的方面之一。随着自然语言处理（NLP）技术的进步，智能写作工具已经能够自动生成简单的新闻稿件，如体育赛事报道、财经数据分析等。这不仅减轻了记者的工作负担，还提高了信息发布的速度和效率。例如，《纽约时报》等知名媒体已经开始尝试使用 AI 助手撰写部分文章，取得了良好的效果。其次，智能算法推荐系统是另一个重要的应用领域。通过分析用户的浏览历史、兴趣偏好等数据，推荐引擎可以精准推送个性化的内容，满足不同受众的需求。这对于新媒体平台来说尤为重要，因为它有助于提高用户黏性和满意度。此外，机器学习还可以应用于新闻素材的自动分类和标签生成，简化编辑流程。例如，当处理大量图片或视频资料时，AI 可以快速识别其中的关键元素，并进行合理的归档管理。为了充分发挥 AI 与 ML 的优势，一方面要不断优化算法模型，提高准确率和可靠性；另一方面要加强对伦理问题的关注，确保技术应用符合社会价值观。总之，通过将人工智能与机器学习融入新媒体新闻教育，可以培养出既懂技术又熟悉新闻业务的复合型人才，为行业的发展注入新的动力。

（二）个性化与定制化教育

1. 个性化学习路径规划

个性化学习路径规划是新媒体新闻教育迈向精细化、高效化的重要举措。首先，根据学生的兴趣和特长定制课程是实现这一目标的基础。每个学生都有自己独特的学习需求和发展方向，因此学校应提供多样化的选修课和专业方向供其选择。例如，对于擅长数据分析的学生，可以开设《数据挖掘与可视化》等高级课程；而对于热衷于内容创作的学生，则可以提供《创意写作》《影视制作》等实践性强的科目。其次，灵活的学习进度调整机制也是不可或缺的一环。新媒体行业发展迅速，知识更新换代频繁，学生需要能够根据自己的实际情况随时调整学习计划。为此，学校可以采用在线学习平台，支持学生按需自主安排时间，完成指定任务。此外，导师制度是个性化学习路径规划的重要保障。每个学生都可以配备一名经验丰富的导师，负责指导他们的学业规划和个人发展。导师不仅可以帮助学生制定合理的学习目标，还能及时解答他们在学习过程中遇到的问题。为了确保个性化学习路径规划的效果，一方面要建立完善的评估体系，定期检查学生的学习进展；另一方面要鼓励学生积极参与自我评价，反思不足之处并加以改进。总之，通过实施个性化学习路径规划，可以更好地满足每个学生的成长需求，激发他们的学习潜能，为未来的职业生涯打下坚实基础。

2. 自适应评估系统

自适应评估系统是新媒体新闻教育中实现个性化与定制化的重要工具。首先，运用大数据分析学生表现是构建自适应评估系统的前提。通过对学生日常作业、考试成绩、课堂参与度等多项指标的数据收集，可以全面了解他们的学习状态和薄弱环节。例如，某些学生可能在新闻写作方面表现出色，但在数据分析上存在困难；而另一些学生则可能相反。基于这些数据，系统可以为每个学生量身定制个性化的评估方案，突出重点，弥补短板。其次，动态调整考核方式和评价标准是自适应评估系统的另一大特点。传统评估方法往往固定不变，难以适应不同学生的特点和发展变化。相比之下，自适应评估可以根据学生的学习进展实时调整，如增加难度、更换题型等，确保每次评估都能准确反映其当前水平。此外，反馈机制是自适应评估系统的重要组成部分。评估结果不仅是对学生过去学习情况的总结，更是对未来学习方向的指引。通过即时反馈，学生可以清楚地知道自己哪些方面做得好，哪些地方需要改进。为了确保自适应评估系统的有效运行，一方面要不断优化算法和技术手段，提高评估的科学性和准确性；另一方面要加强师生之间的沟通交流，让教师能够充分理解评估结果背后的意义，给予学生更有针对性的帮助。总之，通过引入自适应评估系统，可以为新媒体新闻教育提供更加精准、灵活的评价方式，促进每个学生最大限度地发挥潜力，实现全面发展。

参考文献

[1] 田慧. 谈新媒体时代新闻编辑的媒介素养 [J]. 小作家选刊（教学交流），2020（4）：0156－0157.

[2] 李骏，陈桔. 新媒体时代新闻工匠精神的重塑与赋能 [J]. 传媒评论，2024（2）：29－31.

[3] 李茜. 大数据时代新媒体新闻编辑观的转型策略分析 [J]. 新闻文化建设，2021，000（018）：25－26.

[4] 董天策. 新媒体与新闻传播机制创新 [J]. 新闻界，2020（3）：12－16.

[5] 王斌. 新媒体新闻的写作特点与发展研究 [J]. 时代报告，2022（26）：95－97.

[6] 徐静. 新媒体时代新闻传播的创新模式研究 [J]. 卫星电视与宽带多媒体，2024（13）：43－45.

[7] 杨萍. 论习近平新闻思想对新媒体时代新闻传播人才培养的启示 [J]. 2021（12）：19－20.

[8] 凌云志. 新媒体时代新闻编辑能力提升策略探析 [J]. Electronic Communication & Computer Science，2024，6（7）.

[9] 王志冰. 新媒体时代新闻短视频媒介伦理失范与对策研究——以“四川观察”为例 [D]. 成都：成都大学，2023.

[10] 杨文敏. 新媒体时代新闻采编工作的提升策略 [J]. 卫星电视与宽带多媒体, 2023 (21): 121-123.

[11] 吴钰泽. 融媒体视域下新媒体新闻叙事策略的创新路径 [J]. 视界观, 2022 (17).

[12] 许文阁. 浅析新媒体时代新闻记者综合素质发展 [J]. 记者摇篮, 2020, 000 (12): 17-18.

[13] 谭璇月, 谷松林. 新媒体时代新闻教学转型的方向与对策研究 [J]. 科技创新导报, 2019, 16 (7): 233-234.

[14] 李勍圆愿, 汪奇兵. 论移动新媒体时代下环境新闻传播的挑战与改进方法 [J]. 新闻研究导刊, 2019 (19).

[15] 郭荣春. 新媒体时代下新闻传播教育改革探析——评《新媒体与新闻传播》[J]. 教育发展研究, 2020, 40 (3): 1.

[16] 张倩倩. 新媒体时代新闻采编工作的优化策略 [J]. 电视技术, 2022, 46 (11): 84-87.

[17] 路振华, 邓倩. 央视新闻新媒体的文化传播路径与策略 [J]. 中国记者, 2023 (7): 18-20.

[18] 金雨萱. 新媒体时代新闻图片互动传播的问题与优化策略 [J]. 传媒, 2019 (18): 2.

[19] 王玲. 新媒体新闻标题的重要性探讨 [J]. 新闻研究导刊, 2020, 11 (22): 2.

[20] 张帆. 新媒体时政新闻写作策略的创新思考 [J]. 新闻知识, 2019 (1): 2.

[21] 卢瑶. 新媒体时代新闻节目传播力评价指标体系构建研究 [J]. 声屏花, 2023 (11): 148-150.

[22] 文明珠. 新媒体时代新闻编辑能力提升策略探析 [J]. 记者

观察（中），2023（8）：40－42.

[23] 刘林. 新媒体时代新闻记者采编工作的挑战与机遇 [J]. 卫星电视与宽带多媒体，2024（15）：88－90.

[24] 胡家瑄. 新媒体时代新闻公共性的特征、困境与建构策略研究 [D]. 贵阳：贵州民族大学，2022.

[25] 于梅君. 新媒体时代新闻语言的变化 [J]. 青年记者，2019（20）：2.

[26] 陈晓曦. 新媒体新闻传播长尾效应的作用及应对策略 [J]. 新闻传播，2021（6）：92－93.

[27] 杨丹. 新媒体时代新闻采编能力培养探析 [J]. 传媒论坛，2022（5）.

[28] 马鸿霞. 新媒体时代新闻网站编辑社会责任意识的策略 [J]. 环球首映，2021（3）：79.

[29] 秦凯风. 新媒体时代新闻编辑的角色定位与转型 [J]. 视界观，2021.

[30] 徐展力，周建辉. 新媒体时代新闻传播的舆论监督与舆论引导探讨 [J]. 视界观，2021（1）：1.

[31] 付海恋. 新媒体时代新闻传播主体的变迁 [J]. 视界观，2021（17）：1.

[32] 孙利亚. 新媒体新闻演变以及社会舆情表达探讨 [J]. 采写编，2021（3）：2.

[33] 王佳雯. 新媒体时代新闻传播创新路径分析 [J]. 东西南北，2020，558（10）：135.

[34] 郑晋霞. 叙事学视阈下新媒体新闻生产创新研究 [D]. 哈尔滨：黑龙江大学，2020.

[35] 顾盼. 探析新媒体时代新闻编辑的媒介素养 [J]. 记者摇篮, 2019.
[36] 叶鑫. 高校新媒体新闻传播策略研究——从“看山是山”到“看山不是山”再到“看山还是山” [J]. 新媒体研究, 2019.
[37] 李琪. 新媒体新闻侵权下的被侵权人类型及原因分析——以名誉权为例 [J]. 新闻研究导刊, 2019 (8): 2.
[38] 闫德发; 邵文良. 地方电视台新闻采编工作如何与新媒体相融 [J]. 中国传媒科技, 2019 (11).
[39] 曲红梅. 新媒体时代新闻采编水平提升的路径研究 [J]. 电视技术, 2021, 45 (8): 4.
[40] 张洪. 新媒体时代新闻采编工作的发展与挑战 [J]. 电视技术, 2021.
[41] 李翠玲. 新媒体下新闻采编策划特点及创新措施研究 [J]. 传媒论坛, 2019 (18): 2.
[42] 武斌, 佟慧娟. 新媒体时代新闻人增强“四力”需要弘扬敬业精神 [J]. 新闻知识, 2020 (4): 4.
[43] 林磊. 场景思维下新媒体深度新闻报道的创新路径探析 [J]. 新闻知识, 2020 (8): 5.
[44] 孙海峰, 卢毅刚. 隐喻重塑与全文本传播: 新媒体时代新闻生产的范式转型 [J]. 传媒观察, 2022 (10): 82-89.
[45] 王贤修. 新媒体时代新闻写作教学模式创新研究 [J]. 新闻研究导刊, 2022, 13 (21): 194-196.
[46] 李星. 新媒体时代新闻传播的舆论监督及引导路径分析 [J]. 东西南北, 2023 (6): 27-29.

[47] 胡倩倩. 广电新媒体新闻专栏传播力提升策略探析 [J]. 传播力研究, 2023, 7 (22): 52-54.
[48] 赵蓉. 新媒体下新闻编辑创新能力及提升策略 [J]. 中国报业, 2023 (20): 106-107.
[49] 刘岩生. 传统媒体与新媒体新闻策划理念对比分析 [J]. 中国报业, 2023 (23): 150-151.
[50] 田海珠. 人工智能对新媒体新闻产品创新的影响 [J]. 中国报业, 2024 (11): 132-133.
[51] 康艳. 全媒体时代传统新闻和新媒体新闻研究 [J]. 中国地市报人, 2023 (5): 109-110.
[52] 邬莹莹. 新媒体时代新闻采编工作创新路径研究 [J]. 中国报业, 2024 (5): 116-117.
[53] 侯爽, 李东升. 新媒体时代新闻网站编辑社会责任意识的提升策略 [J]. 记者观察 (中), 2023 (9): 124-126.
[54] 李浩. 新媒体新闻宣传个性化定制和受众参与 [J]. 中国报业, 2024 (5): 184-185.
[55] 王聪. 新媒体新闻传播特点及传统媒体创新路径研究 [J]. 传播力研究, 2024, 8 (20): 16-18.
[56] 王晓波. 广电新媒体记者新闻采访创新路径 [J]. 记者摇篮, 2023 (5): 66-68.
[57] 刘劭敏. 新媒体时代新闻播音主持业务素养的提升研究 [J]. 传播力研究, 2023, 7 (20): 94-96.
[58] 李真. 新媒体时代新闻宣传的受众思维和创新策略 [J]. 西部广播电视, 2023, 44 (18): 45-47.
[59] 徐苞俊. 基于媒体融合时代的时政新闻新媒体传播研究 [J].

新闻研究导刊，2024，15（6）：93－96.
[60] 徐风光．媒体融合背景下时政新闻新媒体传播研究［J］．传播力研究，2023，7（22）：25－27.
[61] 羊文欣．探究新媒体时代新闻媒体如何传播与引导公众舆论［J］．东西南北，2023（2）：37－39.